Widukind: Drama In Fünf Aufzügen...

Hermann Wette

Widukind.

Drama in fünf Aufzügen

von

Hermann Wette.

Zweite, umgearbeitete Auflage.

Gotha.

Friedrich Andreas Perthes.

1903.

Meiner Frau

in

Liebe und Verehrung

gewidmet.

Perſonen des Dramas.

Widukind, fürſt von Weſtfalen, Herzog der Sachſen.
Geva, ſeine Gattin.
Gotthold,
Wikbert, } ſeine Kinder.
Gertrud,
Thordis, ſeine Mutter, Prieſterin der Sachſen.
Abbo, Widukinds freund und Bankgenoſſe.
Wolf, Walter, Hermann und andere junge Sachſen
   in Widukinds Dienſten.
Bruno, fürſt von Engern.
Hengiſt, fürſt von Elbland.
Haſſo, fürſt von Oſtfalen.
Dirk von Düsbeck, freier Bauer.
Detlef, ein alter Diener im Hauſe Widukinds.
Notker.
Sächſiſche Adelinge, freie und hörige Leute nebſt frauen
     und Kindern. Prieſter und Barden.

Karl der Große.
Pfalzgraf Dietrich, ſein Vetter.
Der Königsbote.
Karls Gefolge und fränkiſche Krieger.

Erster Aufzug.

Wir befinden uns fern der westfälischen Heimat des Helden auf
einem seiner Erbgüter, nahe der dänischen Grenze. Vor uns sehen wir
den Saal des Hauses, eine große Halle, deren Decke und Wände aus
Holzwerk getäfelt hie und da mit gewebten Decken behängt sind.
Hölzerne, schön geschnitzte Bänke führen an den Wänden entlang.
Vor der Hinterwand, links von der ins Freie führenden breiten Saaltür, ein schwerer Eichentisch. An der linken Wand, in deren Mitte,
befinden sich zwischen je zwei kunstreich gearbeiteten Säulen die Hoch-
sitze des Hausherrn und der Hausfrau, zu denen man auf zwei Stufen
emporsteigt. Links von diesen die Waffenstücke, aus denen besonders
ein silberner Adlerstab und ein prächtiger Goldspeer als Abzeichen des
sächsischen Heerführers hervorragen. Inmitten der rechten Wand der
Herd, auf dem ein Feuer brennt. Rechts vom Herde ein Wandge-
simse mit Trinkhörnern und anderem Hausrat. Ringsum an den
Wänden Waffen, Hirschgeweihe, Tierköpfe und andere auf Kriegs-
und Weidwerk deutende Gegenstände. Vorne links und rechts Türen,
welche in andere Hausräume führen.

Bei Beginn der Handlung sehen wir den inmitten der Drei-
ßiger stehenden Widukind auf dem Hochsitz des Hausherrn, in düsteres
Grübeln versunken. Auf der Stufe zu seinen Füßen sitzt Witbert,
sein zweitältester Sohn, ein lebhafter Knabe von acht Jahren. Er
schnitzt an einem Pfeil. Geva, die Gattin Widukinds, sitzt vorne rechts
am Spinnrocken, das besorgte Gesicht öfters dem Gatten zugewendet.
Links von ihr auf einem Schemel der zwölfjährige Gotthold,
ein stiller, träumerischer Knabe. Zu Füßen Gevas die sechsjährige
Gertrud. In einiger Entfernung hinter Gevas Stuhl steht Notker,
eine düstere hagere Gestalt, welche durch kurzgeschorenes schwarzes Haar,
bartloses bleiches Gesicht und dunkles Gewand von der Umgebung auf-
fällig absticht. Abbo, der gleichalterige Freund und vertraute Genosse
Widukinds, hockt hinten links auf einem Schemel und arbeitet an einem
Panzerhemd. Dabei singt er mit den im Hintergrunde nahe der
offenen Saaltür mit Waffenputz beschäftigten Knaben, zwölf an der
Zahl, das Schwertertanzlied, wozu die Jünglinge in anmutigen, immer

leidenschaftlicher werdenden Bewegungen und Gebärden den Schwerter-
tanz ausführen. Hieran nimmt schließlich auch Abbo mit dem kleinen
Wikbert teil.

Abbo.

Auf, ihr Knaben, mit Beil und Schwert,
Kommt mit schimmerndem Schilde bewehrt!
Saxnot ruft!

Die Knaben mit Abbo.

Ringt und springt den blutgen Reih'n,
Springt voll Wut wie Wölfe drein!
Schwimm, mein Schwert, in rotem Schweiß,
Kühl den Haß, er brennt so heiß!
Zittern nicht, nicht ziemet uns Zagen,
Mutige Mannen mutig wagen!
Nur wer wagt, gewinnt die Welt,
So von Anfang war's bestellt!
Stark im Sterben ficht und fall,
Hold dem Helden winkt Walhall!

Abbo.

Auf, ihr Knaben, in Waffen und Wehr,
Kämpft wie Wodans wütendes Heer!
Saxnot ruft!

Die Knaben mit Abbo.

Leib um Leib und Blut um Blut,
Bis der Feind am Boden ruht!
Gilt's die Freiheit, gilt's den Tod,
Nur der Knecht kniet feig in Not.
Zittern nicht, nicht ziemet uns Zagen,
Mutige Mannen mutig wagen!
Heischt der Franke Haupt und Hab,
Gibt der Sachse Gruft und Grab.
Walkür lädt zu Walhalls Lust,
Jauchzend fliegt ihr an die Brust!
Hojohoh! Halloh! Johoh!

Geva.

Still, ihr Lärmer, nicht so laut,
Euer Herr wünscht Ruhe!

Abbo (unmutig).

Ruhe, Ruhe, nichts als Ruhe,
Faule Rast und grämlich Grübeln!
(zu Widukind gewendet)
Donnars Wetter! ja, es ist wahr:
Seit wir heimgekehrt vom Schlachtfeld,
Gibt's hier nichts als Trauer und Trübsal.
Statt dich zu freuen des herrlichen Sieges,
Den wir jüngst am Süntel erfochten,
Sitzest du da und stöhnst und seufzest,
Als hätt' uns der Franke allsamt am Spieße.
Was denn ist's, das so dich drückt?
Essen und Trinken munden dir nicht,
Roß und Rüden schaust du nicht an.
Nicht einmal dein Lieblingslied,
Deiner Mannen muntrer Kriegstanz
Will den Harm hinweg dir scheuchen.

Widukind (wehmütig die Knaben betrachtend).

Und wie lange wird's noch währen,
Bis auch ihre blüh'nde Jugend
Fallen wird dem Frankenschwert?

Abbo.

Fallen? Nein, sie sollen fällen,
Fällen die Feinde wie dürre Föhren,
Die die Axt des Sachsen trifft!
Hab umsonst sie nicht gelehrt
Besten Weg für Beil und Schwert:
Haupt und Herz, sie treffen's sicher,
Treffen so sicher wie Donnars Blitze.
Haben sie's doch am Süntel bewiesen,
Daß sie's verstehen, die wackeren Jungen,
Frankenschädel flink zu mähen,
Frankenblut zu Bächen zu schaffen,
Daß es Feld und Wiesen tränke.
Hei, das war ein prächtig Ringen
Und ein köstlich Klingenspringen:
Dreizehntausend Frankenlümmel

Lagen abends auf der Walstatt!
Dreizehntausend Christenhunde
Fielen, Freund, an einem Tag!

Widukind.

Und der Unsern?

Abbo.

Nicht die Hälfte!

Widukind.

Doch die Besten!

Abbo.

Dafür weilen sie nun in Walhall,
Sitzen ledig der leidigen Sorgen
Und trinken, Göttern und Helden gesellt,
Met in Wodans sonnigem Saal.

Widukind.

Und wenn der Franke nun wiederkehrt,
Von neuem verheert das Sachsenland?

Abbo.

So hauen wir ihn von neuem aufs Haupt!

Widukind (bitter).

Wer? Du und ich? Und uns're Knaben?

Abbo.

Alle, die gut Sächsisch sprechen,
Ost- und Westfal, Enger und Nordmann,
Alle werden kommen und kämpfen,
Wenn Widukind wieder zur Walstatt ruft!

Widukind.

Hast du vergessen der trüben Tage,
Da du warbest im Lande für mich?
Wer denn folgte deiner Werbung?

Und die folgten, wo sind sie geblieben?
Kaum doch war die Schlacht geschlagen,
Stoben sie fort in alle vier Winde.

Abbo.

Aber seitdem ist's anders worden:
Seit am Süntel du Saxnots Adler,
Wodans Goldspeer dir gewannest,
Seit die Sachsen zum Herzog dich kürten,
Bist du der Stolz und aller Hoffnung!

Widukind.

Und muß doch vor den eignen Vettern
Fern der Heimat hier mich bergen,
Mein und der Meinen Leben zu wahren!

Abbo.

Nun, ich denke, du weißt wie ich:
Karl versteht die welschen Kniffe,
Weiß mit Gold und Amt und Würden
Trefflich zu lohnen Verrat und Treubruch.
Ließ denn auch der und jener der Edlen
Als Gimpel ins Garn sich locken vom Franken,
So weiß ich doch und steh dafür:
Das Volk im ganzen Sachsenlande,
Soweit die Sachsenzunge klingt,
Das hält zu dir und schwört zu dir
Und geht für dich durchs Feuer!
(die Knaben herbeiwinkend)
Kommt, ihr Knaben, sagt eurem Herrn,
Wer fiel' nicht gern für Sachsens Herzog?

Die Knaben (feurig).

Wir alle fürchten nicht Eisen noch Feuer,
Wir fechten und fallen gern für den Herrn!

Hermann.

Herr, ich stürz mich ins Schwert,
Wann Ihr es wollt!

Walter.

Herr, ich spring in den Tod,
Wie Ihr es wünschet!

Wolf.

Ich aber eher wie ihr,
Denn ich bin der flinkste!

(Er verwundet sich in der Aufregung an Hermanns Schwert die Hand.)

Abbo.

Holla, du Heißsporn, sei nicht so hitzig!
Ist Blut auch leichter zu haben wie Met,
Soll man es doch nicht zu wohlfeil verspritzen!

(nachdem er die Wunde besichtigt, zu Widukind)

Nichts als ein Hautriß!
(zu Wolf) Schleck's mit der Zunge!

Widukind.

Dank euch, ihr Knaben!
Führet euch wohl und haltet euch wacker,
Daß ihr in Ehren besteht
Vor Freund und Feind,
Vor Göttern und Menschen!

Abbo (für sich).

Das klang frostig, wenig freundlich.

Geva

(die derweil ein Methorn gefüllt hat, reicht es den Knaben dar und
spricht)

Hier, ihr Knaben, des Herzogs Wohl,
Und wenn ihr wollt, auch meines!

Abbo (zu Geva).

Bäschen, das war wohl getan,
War klug und fein. Nun hilf mir auch,
Dem Gatten die Grillen zu vertreiben,
Daß endlich uns der Frohsinn wiederkehre!

Geva.

Wüßt' ich nur selber, wie ihn erheitern! —
Halt, da fällt mir was ein! — —
Jaja, so sei's! Sein Herzblatt, der Gotthold,
Der soll ihm ein weihvoll Sprüchlein sagen,
Wie sie Herr Notker so schön ihn gelehrt.

Abbo.

Besser säng' er dem Vater ein Kriegslied.

Geva.

O ich kenn' meinen Widu besser,
Weiß, wonach sein Herz sich sehnt.
Doch das verstehst du Rauher nicht.

Abbo auf Notker weisend.

Freilich ging es nach dem,
Kröchen wir eiligst alle zu Kreuze.

Geva.

Sicherlich wär's für uns alle das beste,
Machtet ihr endlich Frieden mit Franken.

Abbo.

Und sprängen wie räudige Pudel ins Wasser.
Brrrrr! (Geva wendet sich zu Gotthold.)
(zu Notker) Hört, Schwarzkopf, nehmt euch in acht!
Wenn wahr ist, was man hier munkelt —
Ja, man wittert von Euch, Ihr wärt —
Ihr wärt mit — den welschen Glatzen im Bunde! —
Dem ist kein Wort aus den Zähnen zu reißen. —
Stumm wie das Grab! —
                (Geva tritt zu ihm heran.)
Was gibt es, Bäschen?

Geva.

Geh, schicke die Knaben fort!

Abbo.

Und mich mit ihnen, nicht wahr?

Geva.

Das mach, wie du willst, Hans Grobian!

*Sie wendet sich zu Notker und Gotthold, mit denen sie über das von
Gotthold aufzusagende Sprüchlein redet.*

Wikbert (zu Abbo).

Ohm, komm, setz' mich aufs Pferd!

Abbo.

Recht so, mein Junge! Du passest zu uns.
Aus dir wird schwerlich ein Pfaff' oder Barde
Oder sonst ein Mann ohne Hosen wie der dort!
Komm, sollst trinken mit mir aus dem Methorn!

(zu den trinkenden Knaben)

Holla, ihr Rangen, gönnt ihr mir nichts?

(in das Methorn lugend)

Wahrlich, zur Hälfte schon habt ihr es leer.
Her mit dem Horn! — Widu, dein Wohl!

*(Er läßt erst Wikbert trinken und leert dann in vollen Zügen das
Horn bis zur Neige.)*

Hah, das tat gut! *(hängt das Horn ans Gesimse.)*
Nun kommt, ihr Kinder! Laßt uns satteln,
Daß wir hernach dem Herzog zeigen,
Was Gutes wir im Reiten gelernt!

*(Mit lustigem Hojohoh! verlassen Abbo, Wikbert und die Knaben
den Saal. Derweil hat Geva mit Gotthold leise geredet und weist
ihn nun an, zu dem wieder in Grübeln versunkenen Vater heran-
zutreten.)*

Gotthold (zaghaft).

Vater!

Widukind.

Nun, mein Junge?

Notker (da Gotthold stockt).

Gotthold möcht' Euch ein Sprüchlein sagen.

Widukind.

Ein Sprüchlein?

Gotthold.

Darf ich?

Widukind (aufstehend).

Gewiß, mein Liebling!
Doch was für eins soll ich denn hören?

Gotthold.

Das von Wodans wilder Jagd?

Widukind.

Das ist zu grausig für dich.

Gotthold.

Soll ich denn sagen, wie Wettergott Donnar
Als Braut in zierlichem Weibergewand
Hin ist gefahren zum Riesen Thrym,
Heim sich zu holen den heiligen Hammer?

Widukind.

Das nun ist wieder zu lustig für mich.

Gotthold.

So will ich dir künden von Baldurs Tod.

Widukind.

Ja mein Lichtelf, das tu,
Künd' uns des Lenzgottes Tod!
Das paßt zur Trauer unsres Volkes.

Gotthold.

Mußt aber nicht so düster mich ansehn!

Widukind (lächelnd).

Muß ich nicht? Ei! (faßt ihn.) So, nun sprich!
(Er setzt sich zu Geva.)

Gotthold.

Ach Hödur, blinder Hödur,
Was haft du uns angetan?
Nun ift vergeblich des Lichtgottes Mutter
Von Allvaters Hochfitz herniedergeftiegen,
Vergeblich ift Walhalls hehre Herrin
Mit morgenrot fchimmernden Flügeln geflogen
Zu allen den Wefen im weiten Weltall:
Zu Sonne und Sternen, zu Feuer und Waffer,
Zu Eifen und Stein, zu Baum und Blume,
Zu Meer und Quell und zu allem Getier,
Was wandelt und weilet im Lichte der Sonne;
Ach, vergeblich hat fie befchworen
Alles was worden mit ewigem Eidfchwur:
Nimmer zu taften an Baldurs Leben,
Heilig zu halten den Liebling der Götter,
Frieden zu wahren dem Freunde der Menfchen.

Ach Hödur, blinder Hödur,
Was haft du uns angetan?
Nun fchwuren vergeblich all Wefen im Weltall
Heilig zu halten des Lichtgottes Leben.
Loki, der Feind der Götter und Menfchen,
Er haffet das Licht, er haffet die Schöne,
Haffet die Luft und Wonne des Lebens.
Drum wünfcht er des Lenzgottes lichtmähniges Roß
Nieder ins dunkle Nachtreich der Hella. —
Da nun in Walhalls goldftrahlendem Saale
Die Götter des freundlichen Baldur fich freuten,
Im lofen Spiele den Lieblichen neckten,
Und, zu prüfen der Wefen Eidfchwur,
Lachend ihn warfen mit Blumen und Blüten,
Mit Feuer und Waffer, mit Zweigen und Äften,
Warfen mit allem, was worden im Weltall:
Da nahm Loki die heilige Miftel,
Die, noch zu jung, den Eid nicht gefchworen,
Die gab der Böfe dem Blinden zur Hand
Und fprach: Da Hödur, wirf auch nach Baldur!

Ach Hödur, blinder Hödur,
Was haft du uns angetan?
Nun trauern in Trübfal die Götter in Walhall,
Nun jammern im Elend auf Erden die Menschen.
Stumm find worden die Sänger der Luft,
Starr die bunten Alben des Lichtes,
Welk die duftigen Kinder der Aue.
Alles, was worden, weinet in Wehe,
Seufzet vor Sehnfucht in Trauer und Tränen:
„Ach Baldur, holder Baldur,
Du Schöpfer aller Schöne,
Du Walter aller Wonne,
Wann kehrft du uns Trauernden wieder,
Daß leuchtend uns lache das Licht,
Daß Freude uns werde und Friede?"

Widukind (voll Schmerz).

„Wann kehrft du uns Trauernden wieder,
Daß leuchtend uns lache das Licht,
Daß Friede uns werde und Freude?" —
Vielleicht nimmer . . . Vielleicht nimmer!

Gotthold.

Wie, mein Vater?

Widukind (düfter für fich).

Loki, der Böfe, herrfchet hinieden,
Hödur, der Blinde, nicht minder:
Sie wollen, daß welke der Götter Blüte,
Alte der Erde edle Art,
Goldesgier der Menfchen Geift,
Leibesforge die Seele fehre.
(fich wieder zu Gotthold wendend)
Sage mir, Gotthold! Da Baldur nun tot,
Brudermord unter die Götter gebracht war,
Was befchloß da Allvater in Walhall?

Gotthold.

Wodan gewann fich den neuen Sohn,
Baldur zu rächen an Hödur:

Die Hände nicht wusch er, das Haar nicht kämmt' er,
Bis Baldurs Mörder zum Holzstoß getragen.

Widukind.

Bis Baldurs Mörder zum Holzstoß getragen. —
Sag, Gotthold, wer war unser Stammherr?

Gotthold.

Allvater Wodan ist Widukinds Stammherr.

Widukind.

Wenn nun den Ahnen, Walhalls Göttern,
Böse Verderber den Untergang drohn?

Gotthold (zögernd).

So muß ich, das Schwert in der Hand,
Allvaters Feinde im Kampfe bestehn:
Die Hände nicht wasch ich, das Haar nicht kämm ich,
Bis der letzte zum Holzstoß getragen.
Also schwur ich's beim Haupte des Stammherrn.

Widukind (mehr und mehr sich ereifernd).

Das sagst du so traurig und zaghaft?
Was denn ist Lohn dem Streiter der Walstatt?

Gotthold.

Ewiger Friede in Wodans Walhall.

Widukind (ungeduldig).

Und darum — nun — was tut der Sachs?

Gotthold.

Gerne stirbt er für seine Götter.

Widukind.

Lachend springt er für sie in den Tod!
Hör', Gotthold, mir deucht, es ist an der Zeit,
Daß du baldigst den Eidschwur bewährest,
Den du beim Haupte des Stammherrn geschworen.

Gotthold (verlegen).

Was soll ich?

Widukind.

Schwertweihe sollst du empfangen,
Kämpfen mit mir auf der Walstatt,
Kämpfen gegen die Christenhunde,
Die unsre lichten Götter bedrohn,
Die unsrem Volk zu Tod und Verderben
Rauben uns wollen den alten Glauben!

Geva (Einhalt versuchend).

Widu!

Widukind (mit plötzlichem Jähzorn).

Tod und Verdammnis, ich halt's nicht mehr aus!
Denken müssen, mein herrliches Volk,
Neigen sollt es den Heldennacken
Diesem die Welt entmannenden Christ:
Bei den ewigen Göttern, nein!
Lieber hetz ich sie all in den Tod!
(zu Notker) Geht, ruft mir die Knaben und Mannen!

(Notker ab.)

Geva (voll Angst).

Widu! was willst du beginnen?

Widukind.

Viel zu lange schon lieg ich hier laß,
Harr aus der Heimat vergebens auf Nachricht
Und lasse mein Volk dem blinden Verderben. —
Spute dich, Gotthold, hol mir die Mannen!

(Gotthold gehorcht.)

Geva.

Sprich, was hast du vor?

Widukind.

Was ich mir und den Göttern schuldig:
Wissen will ich von Sachsens Stämmen,

2*

Ob fürder sie fordern ihr altes Recht,
Ob Freiheit unter dem Adler Saxnots,
Ob Knechtschaft unter dem Kreuze der Christen!

Geva.

Und wenn dein Volk sich entscheidet für Christ?

Widukind.

Lieber will ich's im Grabe sehn!

Geva.

Wenn es abschwört den alten Glauben?

Widukind.

So will ich fluchen dem treulosen Volk
Und treu meinen Göttern zu Grunde gehn!

Geva.

So willst du blind ins Verderben stürzen
Dich, dein Volk und uns alle?

Widukind.

Geva!

Geva.

Ja, mein Gatte, ich muß es dir sagen:
Blind hat dich dein Haß gemacht,
Daß du nicht siehst, wie längst im Lande
Wankend worden das heimische Wesen,
Wankend worden der alte Glaube.
Was du treu im Herzen hegest:
Deiner Götter heilig Abbild,
Deiner Ahnen ehrwürdig Vorbild,
Wo denn lebt es noch als im Liede?
Deiner Väter Höchstes aber:
Stark im Sterben für die Freiheit,
Stolz im Tode für das Recht,
Heldensinn und Heldengröße,
Längst entschwand das unsrer Zeit,

So daß du mit wenig Treuen
Einsam ragst wie der Fels im Meere.

Widukind.

Und wer denn ist's, der unsren Göttern
Ab will wenden mein wackres Volk?
Wer denn zwingt uns wieder und wieder,
Rache zu heischen dem heiligsten Recht?

Geva.

O, dieser Rache unselige Sitte,
Blut zu fordern um Blut,
Leben zu nehmen um Leben:
Was doch hat sie aus dir gemacht!
Du, der sonst so Sanfte, Gute,
So weich im Gemüt, so zart im Gewissen,
Daß du nachts im Traume aufschreist,
Wenn die Toten heim dich suchen;
Du, der milde Freund des Friedens,
Der nur froh der stillen Freuden,
Die dir Haus und Heimat bieten:
Wild und unstet bist du worden,
Bluttat häufst du auf Bluttat,
Mordwerk fügst du zu Mordwerk;
Rauh hat dich der Krieg gemacht,
Mit häßlichem Hader das Herz dir erfüllt,
Geist und Gemüt so arg dir gewendet,
Daß du vor dir schaudern müßtest,
Sähst du, was aus dir geworden.

Widukind.

Und wer zwingt mich zu Hader und Haß?

Geva (zärtlich).

Mußt du denn hassen, mein Widu? —
Ist denn gar so hassenswert,
Was die fremden Männer treibt,
Leib und Leben freudig zu lassen,

Um den Menschen lindere Zeit,
Holderes Heil den Völkern zu künden?
Ist es nicht des Herzen Hehrstes,
Ist es nicht Liebe, was sie verlangen,
Liebe für Gott und die Menschen?

Widukind.

Liebe mit Feuer und Beil und Schwert,
Mit Mord und Brand und Tod und Vernichtung —
Geva, du sprichst wie ein Weib!

Geva.

Ja ich weiß, ich bin nur ein Weib.
Doch ich weiß auch, daß ich dich liebe,
Mehr dich liebe wie alles auf Erden.
Und da will das Herz mir zerspringen,
Da ich den Haß nicht fassen kann,
Der dich, mein Alles, mir entreißet,
Nimmer des Hauses süßen Frieden,
Nimmer der Liebe Glück mir gönnet!

Widukind (gerührt).

Wohl dir, daß du nicht hassen kannst,
Heil dir, daß du nicht hassen mußt!
Mir aber dreimal Wohl und Heil,
Daß ich an deinem liebreinen Herzen
Ausruhn darf von Hasses Taten,
Vergessen kann des Haders Harm!
Doch hättst du wie ich dieser Welschen Wesen,
Dieser Christen Wollen wie ich durchschaut;
Hättst du wie ich in Franken gelebt,
Miterlebt, wie man uns Knaben,
Die wir dem Feind in die Hände gefallen,
Im Kloster zu Christen zu drillen versuchte,
Mit Bücherweisheit und welscher Bildung
Den jungen Geist uns blenden wollte,
Daß rauh und roh uns die heimische Art,
Dumm und töricht der Väter Glaube,

Plumpes Machwerk aus Kindergemüt
Unsre heimischen Götter erschienen;
Hättst du gesehn, wie schlau sie's verstehn,
Schmeichelnd der Arglosen Herz zu umgarnen,
Wahrlich, du würdest die Sorge begreifen,
Die Tag und Nacht die Seele mir sehrt:
Nicht den Karl mit all seinen Völkern,
Nicht den Franken mit all seinen Heeren,
Des Königs welsche Pfaffen fürcht ich,
Sie, die herrschen wollen auf Erden,
Herrschen hienieden für ewige Zeit!
Feig wie die Füchse, schlau wie die Schlangen,
Wollen der Finsternis Knechte
Mit List mein harmlos Volk bezwingen,
Knechten den stolzen Geist der Freien,
Rauben dem Herzen die reinen Rechte,
Die Natur in die Wiege uns legte.
Und drum haß ich die welschen Nattern,
Hasse sie mehr wie den Hauch der Pest,
Der all Leben hienieden vergiftet!
Und wer da droht meinen lichten Göttern,
Sei's Mann oder Weib, sei's Freund oder Feind,
Und wär's mein eigen Fleisch und Blut,
Alle will ich zu Boden ringen,
Bis der letzte im Staube sich windet!

Geva
(vor Widukinds wild verzerrtem Gesicht entsetzt zurückweichend).

Ewige Götter! — Wie furchtbar siehst du aus? —
Widu! Widu! was soll das werden? — —

Wikbert (stürmt herein).

Vater, der Diethrek ist da!

Widukind.

Diethrek?

Abbo (noch in der Saaltür).

Nachricht aus der Heimat, Widu!
Dirk, der Bauer von Düsbeck, ist da.

Hengist
(Fürst von Elbland, ein derber Vierziger, Abbo auf dem Fuße folgend).

Und Hengist, das Elbländer Metfaß! —
Saxnot mit euch aller Wege!

Dirk von Düsbeck
(ein kräftiger Fünfziger mit heitrem Wesen).

Heil euch allen ins Haus!

Widukind.

Willkommen, Freunde, beim Widukind!

(Begrüßung. Indessen sind auch Gotthold und Gertrud, Widukinds Knaben, Notker, ein Teil seiner und der Ankömmlinge Mannen, sowie mehrere zum Hause gehörige Leute in den Saal getreten.)

Widukind (zu Hengist).

Nun, Vetter, wie steht es bei euch an der Elbe?

Hengist.

Hundeschlecht, sonst wär ich nicht hier!
Der fränkische Mordhund, der Karl —
Doch nichts für ungut, hab greulichen Durst,
Drum gebt mir erst zu trinken!

Geva
(reicht ihm ein inzwischen gefülltes Methorn, vortrinkend).

Willkommen, Herr Vetter!

Hengist.

Dank Euch, Frau Geva!

Widukind (zu Dirk).

Nun, Alter! was bringt denn Ihr uns Gutes?

Dirk.

Gutes? — Nichts, Herr, außer mir selber!

Widukind.

Ich will doch nicht hoffen, daß die Euren —

Dirk.

Den Göttern Dank, sie sind frisch und gesund,
Sie lassen Euch vielmals grüßen.

Widukind.

So steht es nicht gut um den Weckinghof?

Dirk.

Euer Stammhaus, Herr, das liegt und steht,
Wie's lag und stand, da ihr es verlassen.
Doch war eine fränkische Spürnas da,
Zu schnuppern nach Euch und den Euren.

Widukind.

Und was war des Franken Begehr?

Hengist (das Horn an Dirk reichend).

Das kann ich Euch sagen, Vetter!
Denn just so'n Spürhund war auch bei mir,
Zu Gast mich zu laden bei König Karl.

Abbo.

Daß dich das Mäuslein beiß!

Hengist.

Er läßt uns laden, binnen drei Monden
Mit Kind und Kegel vor ihm zu erscheinen
Und der Christen Taufe zu nehmen,
Bei Verlust unsres Landes und Lebens.

Widukind.

Und wie bedanktet ihr euch für die Ladung?

Hengist.

Riß dem Fratzen den Plunder vom Leibe
Und gab ihn den Knaben zum Stäupen!

Die Knaben
(die Gebärde des Durchpeitschens machend).

Heißa!

Widukind (zu Dirk).

Und was gabt Ihr dem Franken zur Antwort?

Dirk.

Nu, ich stellte mich dumm,
Ich sagte, Ihr wärt nicht zu Hause.

Widukind.

Und der Bote des Königs?

Dirk.

Der tat, als wenn er kein Deutsch verstände,
Schnüffelte rings im Hause umher,
Kroch durch Küch und Keller und Kammern,
Und wie da nichts zu wittern von Euch,
Wollt' er mir gar mit dem Spieße zu Leibe.

Widukind.

Und Ihr?

Dirk.

Sprang ihm stracks an die Gurgel,
Band mit den Söhnen dem Schlingel die Arme,
Schoren dann flugs ihm Haupt- und Barthaar,
Banden ihn rücklings auf Bruder Langohr
Und hetzten mit Hunden ihn über die Grenze.

Abbo
(mit Männern und Knaben aus vollem Halse lachend).

Alle Wetter, das war vortrefflich! . . . . .

Widukind.

So weit also ist es gekommen?

Dirk.

O es ist noch viel weiter gekommen!

Widukind.

Wie? Noch mehr der fränkischen Frechheit?

Dirk.

Fränkische Frechheit in welschem Langrock.

Abbo.

Was? Weiber?

Dirk.

Schlimmer wie Weiber!
Denkt euch, in Mimigardevord,
Wo Horst, der Ältere, hauset,
Da hat sich ein Rudel welscher Pfaffen —

Abbo.

Hussah! Halloh!

Dirk.

Ein doppelt Dutzend geschorener Glatzen
Hat sich da eingenistet, Herr Abbo!
Das gräbt und rodet, baut Kirch und Kloster
Und treibt die Leutchen zur Taufe,
Wie der Roßknecht die Gäule zur Schwemme.

Widukind.

Und Horst?

Dirk.

Ei, der war's ja, der sie sich holte.

Abbo.

Daß ihn die Hel hol, den Schurken!

Dirk.

Hab ich mir auch gesagt.

Widnkind.

Aber die Freien von Mimigardevord,
Lassen die alles so ruhig gewähren?

Dirk.

Jija, die stehen und sperren die Mäuler
Wie Hühner, wenn sie den Pips bekommen:
Die meisten lassen sich taufen.

Widukind (auffpringend).

Genug!

Hengift.

Halt!

Widukind.

Wie?

Hengift.

Hab Euch noch wichtigere Botfchaft. —
Wißt Ihr, daß auch der Engernfürft Bruno —

Widukind.

Wie? Der alte, ehrwürdige Greis?

Hengift.

Er und auch unfer Vetter Haffo —
Mit ihnen denn manche der übrigen Edlen —
Sie nahmen ihr Land von Karl zu Lehn
Und fprangen zur Taufe ins Waffer.

Widukind.

Woden und Hella, fo follen fie's büßen!

Abbo (jauchzend).

Heißa, Widu! deutet das Krieg?

Widukind.

Saxnots Adler foll fie erreichen!

Mannen und Knaben.

Hojohoh! Halloh! Johoh!

Widukind.

Stehenden Fußes brechen wir auf! —
Euch, Hengift! bitt' ich mitfamt Euren Mannen
Mit mir zu zieh'n nach Weftfalen,
Daß wir die Glatzen zu Paaren treiben!

Hengist.

Topp, da bin ich dabei!

Widukind.

Gotthold!

Geva (mit leidenschaftlichem Schmerz).

Du willst mir den Knaben entreißen?

Widukind.

Zeit ist's, daß er als Held sich bewähre.

Geva (flehend).

So zart noch ist er, so jung —

Widukind.

Detlef!

Detlef (ein alter Diener).

Herr?

Widukind.

Ihr eilt mit Gotthold zur Weser
Und bringt meiner Mutter die Nachricht.
Näheres sag ich Euch nachher.

Detlef.

Wohl, Herr!

Widukind.

Du aber, Abbo! und ihr, meine Knaben!
Sprengt in die Lande und ladet all' Sachsen
Auf nächsten Neumond zum Dingtag nach Hervord!

Abbo mit den Knaben.

Hojohoh! Halloh! Johoh!

Widukind.

Hurtig, Gotthold, nimm deine Waffen!

Wikbert.

Vater, ich will auch mit!

Widukind.

Das geht doch nicht an, mein Junge!

Wikbert.

Warum denn nicht?
Ich kämpfe noch besser wie Gotthold.
Frag' nur Ohm Abbo!

Widukind.

Du mußt Mutter und Schwesterchen schützen
Und das Haus mir behüten, mein Held! —
Notker!

Notker.

Herr Widukind?

Widukind.

Aus Feindes Hand vom sichren Tod —

Notker.

Habt Ihr mich errettet.

Widukind.

Leib und Leben, Heim und Herd —

Notker.

Euch dank' ich es, Herr!

Widukind.

Euch denn vertrau ich Haus und Hof —

Abbo.

Widu, das tu nicht!

Widukind.

Wie?

Abbo (leise).

Ich traue der fremden Fratze nicht.

Widukind

(nachdem er Notker tief ins Auge gesehen).

Schäme dich, Abbo!

(Zu Notker feierlich ernst)

Heilig denn sei Euch Haus und Hof!

Notker.

(die Finger zum Schwure erhebend).

Heilig sei mir alles, was euer!

Widukind zu Geva.

Komm, Gevchen, machen wir's kurz!

Geva (fassungslos).

Widu, wir sehen uns niemals wieder!

Widukind.

Mut, lieb Weib! Es muß ja sein!

(Sie schreiten, die Kinder in die Mitte nehmend, zum Herde. Dort
Thors Hammer, das Wahrzeichen des häuslichen Segens, ergreifend
und mit ihm dreimal aufklopfend, betet)

Widukind.

Wodan! schirme mir Haus und Hof,
Schirme mir Haupt und Herz meiner Lieben,
Daß fromm dich liebend und lobend
Froh ich mich freue der Lust meines Lebens!

Geva.

Freya! schütze das Haupt meines Helden,
Schütz' Herz und Hand ihm mit schimmerndem Schild,
Daß heim mir kehre zum Heile des Hauses
Frei und froh der Hort meines Herzens!

(Sie wirft sich laut weinend an Widukinds Brust.)

Widukind.

Leb wohl, lieb Weib! (Er umarmt Weib und Kinder, entreißt Gotthold den Armen der Mutter und eilt mit ihm zur Saaltür,
wo er sich wendet und den Seinen zuruft):

Auf Wiedersehn!

Mannen und Knaben.

Hojohoh! Halloh! Johoh!

Ende des ersten Aufzugs.

Zweiter Aufzug.

Auf freier Lichtung eines alten Eichenhaines bei Hervord sehen wir vor uns die von Widukind zum Dingtag geladene Versammlung der Fürsten, Edlen und Freien des Sachsenlandes. Links unter einem mächtig hervorragenden alten Eichenbaum, dessen Stamm die Schädel von Pferdehäuptern zieren, befindet sich der von Priestern umstandene Opferaltar mit dem großen Sudkessel, unter dem eine Flamme brennt. Vor dem Opferaltar steht mit Abbo, Hengist und wenigen anderen Edlen seines Anhangs der zur Versammlung redende Widukind. Vor ihm in den Boden gerammt steht ein gewaltiger eherner Schild, auf den der Leiter des Dingtags mit dem Hammer schlägt, wenn er die allzu erregt werdende Versammlung zur Ruhe bingen will. Widukind gegenüber rechts stehen die Fürsten und Edlen der anderen Sachsenstämme mit deren Sprechern, dem alten würdigen Bruno, Fürsten von Engern, und dem noch sehr jugendlichen, nach fränkischer Mode auffallend gekleideten Fürsten von Ostfalen, Hasso. Im Hintergrunde stehen die Freien mit ihrem Sprecher Dirk von Düsbeck an der Spitze. Alle Sachsen halten in der Linken den Schild, in der Rechten das Schwert. Der Sprecher tritt zur Rede auf den in der Mitte gelassenen freien Plan, ausgenommen Widukind, der als Leiter des Dingtags auf seinem Platze bleiben darf. Eine hänfene, an Haselstauden befestigte Schnur grenzt den Versammlungsplatz vom übrigen Haine ab.

Widukind.

Fürsten, Edle und freie Sachsen!
Nun die Priester ihr heiliges Amt,
Die ewigen Götter zu ehren, vollführt,
Lasset uns richten und raten nach Recht,
Dingen und taten nach Wahrheit und Wissen!
Heilig denn sei euch des Dingtags Satzung!

Alle Sachsen (die Schwerter erhebend).

Heilig sei uns des Dingtags Satzung!

Widukind.

Sachsen, ihr wißt, warum ich euch lud:
Unsres Landes Erbfeind, der Franke,
Der von alters her unser Volk
Wieder und wieder bedränget mit Krieg,
Wieder und wieder bedräuet mit Knechtschaft,
Frecher wie jemals zu Armins Zeiten
Römer die Deutschen zu höhnen gewagt,
Höhnt nun uns der Franke und heischet,
Daß bei Verlust von Land und Leben
Wir willig uns ihm unterwerfen.
Billig nun wär's und der Väter würdig,
Statt mit der Zunge stracks mit dem Schwert
Antwort zu geben der frechen Fordrung.
Doch ihr wisset — wißt es mit Schmerzen —
Wißt, daß welsche List und Tücke,
Welsche Zucht und welsche Sitte
Mehr wie einen von Sachsens Söhnen
Wankend gemacht in seiner Treue —

(Bewegung unter den Sachsen).

O nicht euch, nicht einen von euch;
Nein, bei den ewigen Göttern, ihr alle,
Ihr liebet die Heimat wie eure Mutter,
Liebt, die euch in Liebe geboren,
Liebt, die gütig euch heget und nähret.
Ihr, ihr alle seid treue Söhne,
Die lieber Leib und Leben lassen,
Als daß ein Haar nur werde gekrümmt
Dem heiligen Haupt unsrer heiligen Mutter. —
Ärgeres aber, ja das Ärgste
Fordert der Franke von Sachsens Söhnen.
Männer ihr, die frei ihr geboren,
Freier Herr auf freiem Grunde,
Priester und Richter am eigenen Herde,
Die frei ihr euch wählet für Krieg und Frieden
Aus eures Volkes Besten die Führer,
Ihr, die nie der Sterblichen einem,
Nur den Göttern das Haupt gebeugt,

3

Ihr nun follt — o Schmach, es zu fagen! —
Ihr follt beugen das Knie diefem Fremden,
Der von euch, den Freien, fordert,
Daß ihr Land und Leute laffet
Und von ihm zu Lehn empfanget,
Daß ihr laffet Recht und Freiheit,
Laffet des Landes uralte Satzung,
Laffet der Väter ehrwürdigen Glauben.
Beim Höchften, was euch heilig, ihr Männer!
Beim Heldenruhm unferer Väter in Walhall,
Beim ewigen Ruhm unfrer ewigen Götter,
Sagt nun die Meinung nach Recht und Gewiffen!

Hengift (vortretend).

Woden und Sarnot! Was braucht's da der Worte?
Hier meine Hand und hier mein Herz,
Hier mein Schild und hier mein Schwert:
Sachfen Heil! Tod dem Franken!

Abbo und Widukinds Anhänger
(mit dem Schwert auf den Schild schlagend).

Sachfen Heil! Tod dem Franken!

Bruno (vortretend).

Sachfen Heil! Tod dem Franken!
Alfo ruft ihr, ruft es mit Recht.
Denn der Franke ift unfer Feind,
War es feit Väter Gedenken und länger.
Doch Frankens Herrfcher, der König Karl,
Der ift nimmer der Sachfen Feind,
Nein, er ift der Freund unfres Volkes!

Abbo.

Unfinn!

Hengift.

Was fchwatzt der Alte?

Abbo (Hohn lachend).

Karl unfer Freund!

Hengist und Andere.

Unsinn! Unsinn!

Bruno.

Hört mich, Sachsen, hört ruhig mich an,
Dann mag jeder rechten mit mir!
Was ich sagte, sag ich nochmals:
Nimmer ist Karl der Sachsen Feind!
Wer Feind einem Volk, der will sein Verderben.
Karl aber will unser Wohl,
Will unsres Landes Glück und Gedeihen.
Deutscher Mann ist König Karl,
Deutscher Krieger, deutscher Landmann,
Schlicht im Wort und schlicht im Wandel,
Deutscher Art wie wir, ihr Sachsen.
Und was er will, ist wohlgetan,
Ist großen Mannes wert und würdig:
All deutsche Stämme deutscher Zunge
Will er vereinen zu einem Volk, (Beifall)
Das einig in Recht und Gesetz,
Einig in Bildung und Sitte,
So stark im Geist, als stark im Glauben,
Allen Feinden ringsum zum Trutze
Gottes Reich soll gründen hienieden,
(Bewegung unter den Sachsen)
Gottes Reich, des Walters der Welt,
Der Herr ist des Himmels, Herr ist der Erden!
Drum ihr Männer, nach Wahrheit und Wissen:
Gott dem Himmelsherrn die Ehre,
König Karl den Eid der Treue!
Das meine Meinung, kurz und bündig.

Hengist.

Kurz und bündig? Donnars Blitze!
Alte Weiber machen's kürzer,
Wollen sie Narren die Köpfe verdrehen.
Kurz und bündig kläng Eure Meinung:
Christ die Ehr' für fränkischen Goldschatz,
Karl die Huld für Haut und Habe!

3*

Bruno
(vor Erregung kaum der Worte mächtig)..

Antwort drauf an anderm Ort —

Hasso
(eilfertig zwischen beide tretend).

Hört doch, Ohm — hör, lieber Vetter —

Hengist.

Lieber Vetter — du welscher Windhund?
Zehn Donnerkeile dir in die Zähne,
Mahnest du mich nochmals dran,
Daß Äpfel wir vom selben Stamme!

Hasso.

Grob wie immer. Dir tät' nötig,
Daß du auch zu Hofe gingest,
Um, wie's Herrn von Adel ziemet,
Dort zu lernen Sitt' und Anstand.

Hengist.

Sitt' und Anstand? — Steh, du Zieraff,
Daß ich deutsche Zucht dich lehre!
(Er will mit dem Schwert auf ihn eindringen.)

Widukind (auf den Schild schlagend).

Halt, ihr Herren! Laßt den Hader!
Sachsens Heil gilt's, Sachsens Rettung! —
Fürst von Engern, Ihr habt das Wort.
(Hengist und Hasso gehen auf ihre Plätze zurück.)

Bruno.

Hört mich denn, ihr Herrn und Freie!
In Ehren bin ich grau geworden,
In Ehren will ich gehn zu Grabe. (Beifall.)
Ich nahm die Tauf', Herr Widukind,
Weil ich den Gott der Christen glaube.
Und weil ich seh, was ihr nicht seht,
Nahm ich mein Land von Karl zu Lehn:

Mein Volk zu schützen vor dem Schlimmsten. —
Hört mich, alle! König Karl,
Er hat die Macht vom höchsten Gott,
Ja, er ist die Gotteshand,
Die da lenkt die neue Zeit,
Bricht, was morsch und alt geworden,
Schafft, was Menschen und Völker verjüngt.
Karl, er bringt uns das Himmelslicht,
Das vom finstern Wahn uns befreit,
Düstre Nacht der Heiden scheuchet
Und den Erdkreis rings erleuchtet.
Darum nochmals: Gott die Ehre,
König Karl den Eid der Treue!

Widukind.

In Ehren Euer graues Haar,
In Ehren Eures Alters Weisheit —
Doch Schmach in Euer treulos Herz,
Daß Ihr, so nah dem Grabe, nicht wißt,
Was Ihr dem Land und Volke schuldig!
Morsch nennt ihr den Sachsenstamm,
Alt und der fränkischen Pfropfung bedürftig?
Pfui Sachs! Euer Geist ward morsch,
Daß Ihr nicht seht, wie der Wurm der Verderbnis
Faul gefressen das Frankenvolk.
Frisch und fröhlich blüht Sachsens Baum
Und wird alle Völker der Welt überdauern!
Denn sein Holz ist deutsche Kraft,
Deutsche Treue sein kerniges Mark,
Freiheit, Recht und Tugend die Wurzeln,
Die fest im Grund all Feinden trutzen,
Wie die Eichen den Stürmen im Sachsenwald!

Abbo und Hengist.

Sachsen Heil!

Dirk.

Heil Widukind!

Viele (ſtimmen ein und ſchlagen an ihre Schilde).

Heil! Heil! Heil!

Widukind

(öfters von Beifall unterbrochen, fährt fort).

Wahn nennt Ihr der Väter Glauben,
Wahn den Glauben an unſre Götter?
Iſt es ein Wahn, was ſich die Seele
Der Dinge Weſen deutend erſehnt,
Wahrlich, ſo hegen wir ſchönen Wahn,
Lieb und menſchlich wie Mutter Erde,
Deren Schoße wir alle entsproſſen. (Beifall.)
Beugen wir willig uns Allvaters Willen,
So wiſſen wir, daß uns ſchirmet ein Gott,
Der Luſt und Leid verleiht nach Recht,
Schuld mit Schaden, Tugend mit Tatlohn,
Mut mit Macht vergilt nach Recht. (Beifall.)
Beten wir fromm um Allvaters Schutz,
So wiſſen wir, daß er ein Gott iſt des Lichts,
Der Macht hat, uns Menſchen zu wahren die Freiheit,
Daß jauchzend der Welt wir verkünden:
Wonnige Luſt iſt das Leben auf Erden,
Wonnige Luſt das Sterben für Walhall
Allvaters Kindern, den Söhnen der Freiheit!

Abbo, Hengiſt und Widukinds Anhänger (jauchzend).

Hojohoh! Halloh! Johoh!

Abbo.

Heil Widukind!

Dirk und andere Freie.

Heil unſrem Herzog!

Viele (an den Schild ſchlagend).

Heil! Heil! Heil!

Widukind.

Ja, ihr Männer, ihr fühlt es wie ich,
Nimmer darf wanken der alte Glaube,

Wollen wir Deutschen, stolz und stark,
Auch fürder sein Herrengeschlechter auf Erden.
Denn sagt, was ist dieser neue Glaube,
Was der Wahn von dem neuen Gott,
Entsprossen dem Schoß eines fremden Volkes,
Das heimatlos und unstet auf Erden?
Ja, was ist dieser neue Gott,
Der gleich euch achtet mit hörigen Knechten,

    (Zwischenruf Hengists): Pfui!

Mit Lumpengesindel, so es nur christlich;

    (Zwischenruf Abbos und anderer): Pfui!

Der Liebe verlangt, wo Fluch unsre Pflicht,
Liebe für tödlich uns hassende Feinde,

    (Zwischenrufe von Dirk und anderen): Unsinn! Pfui!

Liebe für Feinde des herrlichen Volkes,
Das heilig im Haß, gerecht in der Rache,
Mitleid verachtet wie Furcht der Feigen,
Einzig nur fürchtet die Sünde der Schwachen,
Unrecht zu tuen und Unrecht zu dulden. (Beifall.)
Sagt, was ist dieser Wahn von dem Gott,
Den, ihr wißt es, das eigene Volk
Geschmäht, verspottet, verhöhnt und verachtet,
Ans Kreuz geschlagen wie einen Verbrecher?
Sei das ein Glaube für Schwache und Schlechte,
Für erdensatte und schuldige Sünder;
Nimmer taugt er den Söhnen der Freiheit,
Nimmer den Männern und Helden der Tat!

(Während zu mächtig dröhnendem Beifall die Anhänger Widukinds
auf die Schilde schlagen und rufen: Heil, Widukind! Heil! fällt

Bruno (zornglühend ein).

Herr, Ihr kennt nicht den Gott der Christen,
Wahrlich, sonst bannte Euch Ehrfurcht die Zunge,
Die frevelnd in Worten zu deuten wagt,
Was nimmer dem Menschengeist zu ergründen. —
Sachsen, laßt euch den Sinn nicht betören
Von diesem des Worts so gewaltigen Mann!
Hätt' er wie ich des Alters Erfahrung,

Würd' er der Welten Läufte verstehn,
Würde wissen, was längst uns die Zeit,
Längst die Sänger dem Volke verkündet:
Ja, gekommen ist es, das Ende,
Der alten Götter Ende ist da!
Einzig wird fürder noch herrschen der Eine,
Der Eine gewaltige Gott und Herr,
Dessen Reich kein Ende nimmt,
Ende nicht, soweit die Welt,
Ende nicht, soweit die Zeit!
Um dieses ewigen Herrschers willen,
Der auszurotten des Heidentums Wurzeln
All seine Feinde wird zerschmettern,
Zermalmen bis zum letzten Mann,
Um Gottes, unsres Schirmherrn, willen,
Der Christ, seinen Sohn, vom Himmel gesandt,
Daß Friede werde den Völkern der Erde,
Krieg nicht länger die Fluren verheere,
Mord und Brand ein Ende nehmen,
Zu Deutschlands Heil, zu Sachsens Rettung,
Macht Frieden, ihr Männer, mit Christ und Karl!

Brunos Anhänger.

Frieden! Frieden mit Christ und Karl!

Widukinds Anhänger (stark in der Minderheit).

Krieg mit Franken auf Leben und Tod!

Brunos Anhänger.

Frieden mit Franken! Frieden mit Karl!
Zu Deutschlands Heil! Zu Sachsens Rettung!

Bruno.

Sammelt die Stimmen!

Hasso.

Schließet den Dingtag!

Viele Edle.

Sammelt die Stimmen!

Bruno und Hasso.

Edle, stimmt ab!

Dirk.

Halt!

Widukind.

Halt!

Hasso.

Hebet die Hände!

Widukind.

Halt, ihr Sachsen!

Bruno mit seinen Anhängern.

Frieden mit Franken! Frieden! Frieden!

Widukinds Anhänger.

Krieg mit Franken! Krieg! Krieg!

Bruno mit seinen Anhängern.

Frieden! Zählet die Stimmen! Frieden!

Widukind (gewaltig auf den Schild schlagend).

Halt, ihr Herren! Erst höret die Freien!

Hasso (die Stimmen zählend).

Frieden! Wir sind die Mehrzahl! Frieden!

Dirk (Hasso bei Seite schiebend).

Holla, Herr Hasso! Bin auch noch da!
Bin ich gleich nur Sprecher der Bauern,
Sind wir Bauern doch Freie wie ihr,
Deren Meinung so gut wie die eure.

Abbo.

Brav gesprochen, Düsbeck!

Hasso.

Sagt denn Eure Weisheit, weiser — Bauer!

Dirk.

Euch, Herr, dieses! Schad' um Euch,
Daß Euer Vater so früh für Sachsen
Leib und Leben dahin mußt' geben:
Den Ochsenziemer sonst nähm' er zur Hand,
Daß Euer welscher Flitter flöge
In die Winde für Krähen und Elstern.
Das ist Tand für Vogelscheuchen,
Nimmer Zierde dem deutschen Mann!

Abbo (unter vieler Gelächter).

Gut gegeben, wackrer Alter!

Hengist.

Vetter, wie schmeckte die Bauernweisheit?
(Alle außer Dirk kehren auf ihre Plätze zurück.)

Dirk.

Herr Widukind, Ihr kennt uns Westfalen,
Ihr wißt, wir halten treu zu Euch,
Wir Bauern lassen allsamt für Euch
Das Fell uns über die Ohren ziehn,
Wenn Ihr uns sagt, es müsse so sein.
Das wißt Ihr, Herzog! Ihr kennt unser Herz.
Doch wißt Ihr auch, mehr wie sein Leben
Liebt: der Landmann seine Scholle,
Die er düngt mit Schweiß und Tränen,
Die er düngt, wenn's sein muß, mit Blut. (Beifall.)
Bur holl stur! so heißt's im Sprichwort.
Das will heißen, ihr Herrn und Freie,
Bauernherz hängt fest am Alten.
Wind und Wetter tragen wir willig,
Willig auch der Götter Schickung;
Denn wie Sonnenschein und Regen
Kommt von oben aller Segen. (Beifall.)
Was der Bauer nicht kennt, das frißt er nicht!
Das will heißen: Allem Neuen
Bleibt d   Bauer ewig abhold;

Denn der Esel scheut das Glatteis.
Doch wo Macht ist, ist das Recht,
Und die Macht, sie ist beim Franken.
Krieg, Herr, ist der grimmste Greuel,
Denn er nimmt dem Bauer sein Alles.
Drum Herr, wenn Ihr's könnt nach Recht,
Wenn Ihr's könnt auf Ehr und Gewissen,
So macht Frieden mit König Karl! (Beifall der Freien).

Widukind.

Freunde, Ihr wißt nicht, was Ihr wollt.
Frieden mit Franken heißt Krieg für euch alle,
Krieg so lange, bis König Karl
Sich den ganzen Erdkreis bezwang,
Krieg so lange, bis der Tod
Seiner Herrschsucht setzt das Ende.
Denn ihr, ihr Sachsen — das ahnt ihr wohl nicht —
Was der König von euch verlangt?

Dirk und andere Freie.

Nu?

Widukind.

Heeresfolge müßt ihr ihm leisten!

Dirk.

W—wie — was sagt Ihr da?

Abbo.

Daß ihr dem Karl müßt Kriegsdienste tun!

Dirk und andere Freie (durcheinander).

Oho! Kriegsdienste? Wir?

Abbo.

Mit Kind und Kegel, mit Roß und Troß!

Die Freien.

Heeresfolge? Kriegsdienst? Wir?

Andere Freie.

Wir Sachsen dem Franken?

Andere.

Gegen fremde?

Andere.

In ferne Lande?

Widukind.

Gegen fremde, gegen Freunde,
Gegen Herren aller Länder,
Die des Königs Feinde sind.

Dirk.

Blitz und Donner, das tun wir nimmer!

Die Freien.

Fällt uns nicht ein! Nein! Nein!

Abbo.

O, ihr werdet ihm folgen müssen,
Oder ihr büßt es mit Hof und Haus!

Dirk und Freie.

Woden und Hel, das soll nicht sein!

Widukind.

Untertan des Königs Grafen,
Tut ihr fortan, was sie euch befehlen,
Oder ihr büßt es mit Haupt und Hand!

Die Freien (wild durcheinander).

Hol sie der Henker, das tun wir nicht! Nein!

Abbo.

O, ihr werdet schon lernen euch fügen,
Lernen euch beugen mit artigem Buckel,
Kommt er geschritten, der Frankenbüttel,

Die Nas euch zu stecken in Hof und Haus,
In Küch und Keller, in Schuppen und Scheune,
In Töpfe und Näpfe, in Schränke und Schreine,
Damit ihr die Glatzen nur ja nicht betrügt
Um irgend 'nen Zehnten, den dankbar ihr zahlt
Für Gunst und Gnade, in Hundedemut
Gehorsamer Diener des welschen Pfaffen
Und williger Knecht seines Büttels zu sein.

Dirk.

Herr, genug! Zur Hel mit Franken!

Andere Freie.

Sammelt die Stimmen!

Hengist und Andere.

Nieder mit Franken!

Widukinds Anhänger und alle Freien.

Nieder mit Karl! Krieg! Krieg!

Bruno.

Halt, ihr Sachsen!

Hasso.

Hört den Bruno!

Mehrere Edle.

Halt! Halt!

Abbo.

Halt, ihr Verräter?
Wollt ihr den Sachsen etwa noch sagen,
Daß fürder sie Schurken und Schelme? —
Ja, ihr Männer, ihr werdet zu Schurken,
Wenn ihr dem König beuget das Knie,
Werdet zu Schelmen an euch und den Göttern!
Denn wenn ihr dem fremden Priester nicht folgt,
Nicht denkt und glaubt, wie er's euch befiehlt,
Wenn ihr euer Väter Götter

Nicht mit Haß und Hohn verwünschet,
Zu Kreuz nicht kriecht wie elende Hunde,
Die fürchten die Peitsche des wütenden Herrn,
So büßt ihr es mit Haut und Habe,
Mit Leib und Leben, mit Haupt und Hand!

Dirk.

Herr, genug! Ich stimme für Krieg!

Widukinds Anhänger.

Krieg mit Franken auf Leben und Tod!

Bruno (gewaltig die Stimme erhebend).

Sachsen nochmals! Hört mich!

Brunos Anhänger.

Hört den Bruno!

Widukinds Anhänger.

Krieg! Krieg! Krieg!

Widukind (kräftig auf den Schild schlagend).

Halt, ihr Sachsen! — Ruhe!
Heilig sei euch des Dingtags Satzung! —
Fürst von Engern, Ihr habt das Wort!

(Atemlose Spannung.)

Bruno.

Wißt denn dies noch, Herrn und Freie!
König Karl, den Gott erhalte,
Er steht in diesem Augenblick
Mit zehnfach größrem Heergefolg,
Als jemals er ins Feld geführt,
Mitten im Herzen des Sachsenlandes!

(Ein Schrei der Entrüstung der meisten Sachsen hallt durch die Luft.
Viele Edle gehen zu Widukind über. Hasso hat sich fortgeschlichen.)

Widukind

(an Bruno herantretend, mit furchtbarem Ernst).

Ist Wahrheit, Fürst, was Ihr gesagt?

Bruno.

Wahrheit ist, so wahr ein Gott lebt:
Mit all seiner Länder Heeresmacht
Zieht Karl den Weserfluß hinab,
Zur Rache für euern Sieg am Süntel,
Zur Rache für der Sachsen Meintat,
Die ihm den Eid der Treue gebrochen!

Widukind (mit den Augen umhersuchend).

Hasso! Wo ist Hasso? Hasso!

Hengist.

Er hat sich gedrückt, der feige Schuft!

Widukind

(zu den bei Bruno verbliebenen Edlen).

Edle ihr! Schaut her! Aug in Auge!
Sprecht, kanntet ihr die Schlinge,
Die der verblendete Greis uns gelegt?

(da sie schweigend die Augen niederschlagen, mit wildem Zorn)

Was? Ihr wußtet um die Tücke?
O ihr gottverfluchten Verräter!

(nach rückwärts den Freien zurufend)

Holla, ihr Mannen, schließet den Ring! —
Wehrt euch, feile Schurken!

(Wie sie handgemein werden, erschallt mehrmals der Ton eines Hift-
horns, infolgedessen alsbald spannungsvolle Ruhe eintritt.)

Abbo zu Widukind.

Deines Hüters Hifthorn!

Wolf (eilt atemlos herbei).

Herr, Eure Mutter —

Widukind.

Meine Mutter?

Wolf.

Mit flüchtigen Sachsen —

Viele.

Flüchtige Sachsen?

Wolf.

Entflohn vor dem Franken —

Gotthold

(stürzt staubbedeckt und wie vom Schrecken gejagt in die Versammlung).

Vater! Vater!

Widukind.

Was ist, mein Sohn?

Gotthold.

O mein Vater!

Widukind.

So schreckensbleich — so angstverzerrt —
Sprich, mein Kind, was ist geschehn?

Gotthold.

Weh uns allen — wehe, wehe! —
Bäche Blutes sah ich —
Blut der Unschuld — König Karl —
(er schaudert zusammen und stürzt mit dem Rufe)
O mein Vater! (diesem weinend in die Arme).

Widukind.

Fasse dich! . . Sprich, was hat sich begeben?

Gotthold (nach rückwärts deutend).

Hört ihr nicht die Totenklage?
(Mächtige Bewegung unter den Sachsen, in die hinein, von Männern,
Frauen und Kindern gesungen, näher und näher erklingt der Sachsen)

Totenklage.

Weh, wehe der Not,
Komm, komm uns, o Tod!
Lös des Lebens falsch Gebild,
Minne uns mild!

Niemand wähn' sich wohl der Welt,
Da in Harm uns Hader hält,.
Bis des Ewgen Speer uns fällt!

Widukind.

Wie? Der Sachsen Totenklage?

(Im feierlichen Aufzuge naht **Thordis** im weißen Gewande der Priesterin mit Männern, Frauen und Kindern, indem sie weiter singen):

Frei, froh nun im Tod,
Leicht, ledig der Not,
Sitzt im Sonnensaal der Held,
Göttern gesellt.
Goldner Säulen silbern Dach,
Lichter Wonnen Wohngemach,
Wo da ruht all Weh und Ach!

Weh, wehe der Not,
Trifft sühnlos der Tod!
Schlamm und Schwerter wälzt die Hel
Schuldiger Seel!
Blut um Blut, bis alles ruht,
Niederbricht des Weltbrands Flut,
Wodan stillt all Kampfeswut!

Widukind (zu Thordis).

Sprich, was bedeutet die Totenklage?

Thordis.

Totengruß vom Totenfelde —
Sieben Tage, sieben Nächte
Hört' mein Ohr nichts mehr als ihn —
Gruß ist's von fünftausend Helden,
Denen Schande das Auge schloß.

Widukind.

Dunkel sprichst du, rede deutlich!

Thordis.

Gruß ist's von fünftausend Sachsen,
Die nun ruhn ohn Grab und Urstätt,

4

Fraß für Wölfe, Fraß für Raben,
Schmach der Sonne, Schmach den Sternen,
Bis gerächt wird ihre Schande!

Widukind.

Starben die Toten schuldlos?

Thordis.

Schuldlos wie die frommen Tauben,
Die des Geiers Mordgier traf!

Widukind.

Ward das Grab vom Feind verweigert?

Thordis (schmerzlich hohnlachend).

Hahahahahah!

Widukind.

Fielen sie nicht auf ehrlicher Walstatt?

Thordis.

Hahahahahah!

Widukind.

Sprich und löse die Angst der Seelen!

Thordis.

Sahst du schon eine Herde Lämmer,
Wie sie dem Hirten folgt zur Hürde,
Wo das Schlachtbeil sie erwartet?

Widukind (voll furchtbarer Ahnung).

Mutter, sprichst du irre?

Thordis.

Daß ich irr' wär'! — Wehe Sachsen!
Wehe, wehe Tag von Verden!
Weh dem Auge, das ihn sah!
Weh mir, daß ich ihn sah und lebe!

Hört, ihr Sachsen! Frankens König,
Der König sich nennt von Gottes Gnaden,
König Karl, er ward zum Henker,
Meuchelmörder ist er worden!
Häupter von fünftausend Helden,
Die ihm folgten auf Treu und Glauben,
Die ihm folgten wie die Lämmer,
Trauend des Hirten gutem Herzen —
Frankens König, er ließ sie fällen,
Fällen durch des Henkers Beil!

Viele der Sachsen (stöhnend vor Schmerz).

Weh uns, wehe!

Bruno (die Hände ringend, schreit laut auf).

König! König! was hast du getan?

Thordis.

Was er tat, der Christenkönig?
Hör mich an, du Freund des Königs —
Nein, aus dem Munde der Unschuld
Sollt ihr hören, was nie erhört ward!

(zu Gotthold)

Komm, mein Kind, tu kund den Sachsen,
Was dir das Herz, das lichterhellte,
Für ewig mit finsterem Grausen erfüllt hat!

Gotthold (schaudernd).

Weh mir! Ahne — ich?

Thordis.

Sprich, was hast du gesehn?

Gotthold (flehend).

O ich bitt euch —

Thordis (streng).

Sprich!

Gotthold.

König Karl — — er ließ —
Weh, mir schwindelt — haltet mich —
Mutter! Mutter!
(Er fällt unter Krämpfen zu Boden und wird aus der Versammlung
hinausgetragen.)

Thordis.

Seht, die Erinnerung schon wirft ihn zu Boden! —
Hört denn von mir die grausige Tat,
Die nie vordem die Erde geschändet,
Seit Menschen atmen im Odem des Lichtes! — —
Auf dem Blachfeld war's zu Verden,
Dorthin hatte mit Schlangenlist
König Karl die Helden gelockt,
Die für euch am Süntel gestritten,
Die für euch am Süntel gesiegt.
Auf dem Blachfeld war's zu Verden,
Wo sie treu den Göttern fielen,
Fielen, nicht vom Schwert der Helden,
Nein, gefällt von Henkershänden! —
Hoch zu Roß hielt König Karl,
Auf dem Haupt die güldne Krone,
Um den Leib den Purpurmantel,
So saß da der Fürst des Todes,
Wollüstig waltend des blutigen Amtes.
Manchen von des Königs Mannen,
Manchen seiner Stärksten machte
Bleich der Schrecken, blaß die Ohnmacht.
Er nur mit den Henkersknechten
Sah des grausen Handwerks Ende,
Sah mit Wollust, wie die Helden
Stolzen Blicks dem Beil sich beugten;
Er nur sah mit lachender Lust
Haupt um Haupt die Erde küssen,
Horchte zu mit wilder Wonne
Sterbender Sachsen Totengesang,
Bis des letzten Hauch verhallet.
(Furchtbare Stille wie vor dem Gewitter herrscht unter den vom Schreck
gelähmten Sachsen.)

Thordis.

Nun, ihr Sachsen?

Einige (hauchen erschüttert).

Weh uns! Wehe!

Thordis (mit wildem Hohn).

Seid ihr Männer?

Die Sachsen (wie aus einem Munde).

Rache!

Thordis.

Ja, bei den ewigen Göttern, Rache!
Rache für der Sachsen Schande,
Rache für der Toten Schmach,
Rache für des Bluthunds Bluttat,
Die zum Himmel schreit um Rache!

Die Sachsen.

Rache! Rache! Rache!
(Aller Augen sind auf Widukind gerichtet, der wie abwesend dasteht
und ins Leere starrt). . . .

Thordis.

Widukind, die Toten rufen!

Widukind (mit plötzlichem Schmerzausbruch).

O — mein armes Sachsen!

Thordis.

Pfui Sohn! Du weinest? —
Her dein Schwert!
(Sie entreißt ihm das Schwert, mit dem sie sich blitzschnell den Arm
aufritzt.)
Fließe, mein Blut!
Netze zum Schwur der Sachsen Schwert,
Netz' es zum Schwur der heiligsten Rache!
(zu Widukind, den Arm darhaltend)
Herzog, hier der Priesterin Blut!

Bruno.

Herzog, hier des Königs Lehnbrief!

(Er zerreißt den Lehnbrief und wirft die Stücke zu Boden.)

Alle Sachsen (zur Huldigung das Schwert neigend).

Herzog, hier unser Schwert!

Widukind.

Schwört denn, ihr Männer!
Bei eurer Priesterin heiligem Blut,
Schwört Rache auf Leben und Tod!

Widukind, Bruno, Hengist, Abbo und Dirk
(tauchen ihre Schwerter in der Priesterin Blut und schwören)

Ob Mondschein spielt auf der Totenau,
Ob Taglicht bleichet der Leichen Gebein,
Blut soll trinken der Sternenstrahl,
Blut soll trinken die dürstende Sonne,
Bis geworden der Rache ihr Recht!

Thordis (die Schwerter segnend).

Stahlhart, stoß und brich das Gebein,
Zischende Zunge, ziehe dir Blut,
Funkelnder Zahn, zehre dir Fleisch,
Gierigen Geiern zum atzenden Male
Fliege voran als siegender Aar!

Alle Sachsen.

Donnars Blitz, stähl uns das Schwert,
Saxnots Kraft, führ uns die Faust,
Wodans Wut, füll uns das Blut,
Daß wild wir wie wütende Wetter
Brechen der würgenden Feinde Gebein!

Ende des zweiten Aufzugs.

Dritter Aufzug.

Eine weite Ebene, deren Hintergrund vom Teutoburger Walde umsäumt wird. Im Vordergrunde das Feldlager der Sachsen. Vorne rechts stehen Bruno, Hengist, Abbo und andere Führer der Sachsen; links ein Trupp sächsischer Mannen in Reih und Glied Aller Augen sind nach rückwärts gewandt, woher Dirk und andere Sachsen jubelnd ihren Herzog Widukind auf dem Schilde herantragen. Unter Hörnerschall rufen

Die Führer.

Heil Widukind!

Die Mannen.

Heil unsrem Herzog!

Abbo.

Heil dem Sieger vom Süntel!

Hengist.

Heil dem Sieger vom Osning!

Alle.

Heil! Heil! Heil!

Widukind (Sarnots Adler in der Rechten).

Guten Morgen, ihr Mannen!

Die Mannen.

Guten Morgen, Herr Herzog!

Widukind.

Dank euch, ihr Herren! Dank euch, ihr Mannen!
Dank und Ehr euch allen,

Die ihr gestern mit mir gestritten!
Wahrlich, das war ein siegreicher Tag,
Wie kein Heldenaug schöner ihn sah.
Noch eine Schlacht wie die am Osning,
Und Karl hat für immer genug an Sachsen!
Mut ihr Mannen, die Götter sind mit uns;
Sieg verheißen auch heute die Zeichen,
Wie sie der Priester Opfer erkundet.
„Frei oder tot", das sei die Losung!

Führer und Mannen.

Frei oder tot!

Widukind.

Geht denn und pflegt bis auf weitres der Rast!
Saxnot mit uns aller Wege!

Die Mannen.

Saxnot mit uns aller Wege!
(Die Mannen ziehen ab.)

Widukind (sich zu den Führern wendend).

Nun, ihr Herren, alles bereit?

Bruno und Hengist (als die ersten Führer).

Alles bereit und gerüstet.

Widukind
(indem die Führer einen Kreis um ihn bilden).

So hört denn nochmals meinen Plan!
Der Franke, zur Nacht in die Ebne gerückt,
Lagert nun drunten am Fuße des Teut.
Deckt ihm somit den Rücken der Berg,
Hoff ich vor allem auf offene Feldschlacht.
Kommt es dazu, so ist er verloren. —
Ihr also, Hengist, nehmet den linken,
Ihr, Bruno, den Flügel zur Rechten.
Doch haltet euch möglichst lange im Rückhalt,
Damit ihr dem Feinde verborgen bleibet.

Denn ich, mit Abbo die Mitte nehmend,
In Keilform rück ich dem Franken entgegen,
Ihn täuschend, wir sei'n nur ein winziges Häuflein.
Hitzig, als sei ich des Sieges gewiß,
Stürm ich vor und beginne den Kampf,
Lock' und reize ihn bis aufs Blut,
Daß er zu kämpfen nicht widersteht.
Doch schnell, wie fliehend, weich ich zurück
Und zieh ihn also vom Berge fort.
Haben wir dann den Karl in der Mitten,
Stürzen von allen Seiten wir los
Und drücken sie alle zu Boden.

Hengist.
Und treten sie nieder wie giftige Nattern.

Bruno (bedächtig).
Und folgt der König euch nicht?

Widukind.
So hoff' ich auf Siegfried, den Dänen.

Hengist und andere Führer (erstaunt).
Der Däne? Kommt er?

Widukind.
Er ist meiner Werbung gefolgt;
Soeben sandt' er mir Botschaft,
Noch vor Abend ständ er am Dörnberg.

Abbo.
Na, dann gut Nacht, ihr Franken!

Hengist.
Prächtiger Fraß für sächsische Wölfe!

Bruno.
Und wenn der Däne nicht kommt, was dann?

Widukind.

Auch dann behaupt' ich das Schlachtfeld;
Trotz großen Verlustes sind wir in der Mehrzahl.

Bruno.

Und wenn der Franke Verstärkung erhält?

Widukind.

Daran ist für heut nicht zu denken,
Nach Menschenermessen müssen wir siegen. —
Ja, ihr Freunde, alles steht gut,
Und mir war nie so wonnig zu Mut!
Seit ich euch hab' wiedergewonnen,
Glauben darf an mein Sachsenvolk,
Fühlt leicht beschwingt sich meine Seele,
Daß mir ist, als könnt' ich fliegen,
Fliegen wie mit Adlersflügeln
Froh empor zur Sonne der Freiheit!

Bruno (düster).

Wenn Ihr Euch nur nicht die Flügel verbrennt!

Widukind.

Nun denn, besser versengt von der Sonne,
Besser, fallen im Fluge zum Licht,
Als fluglahm kriechen am Boden
Wie lichtscheu knechtisch Gewürm!
(zu dem mit einer Meldung herangekommenen Wolf)
Was gibt es, Wolf?

Wolf.

Des Heeres Hüter lassen Euch melden:
Die Franken, nützend den Nebel,
Sind nahe gerückt dem Sachsenlager.

Hengist und Abbo.

Hojoh, fröhliche Botschaft!

Hermann (eiligſt mit weiterer Meldung).

Ein Bote des Königs heiſchet Gehör.
(Starke Bewegung unter den Führern.)

Widukind.

Ein Bote des Königs?

Hermann.

Er folgt mir auf dem Fuße.

Hengiſt.

Daß dich der Geier, was mag der wollen?
(Der Königsbote mit verbundenen Augen wird vorgeführt.)

Widukind.

Löſt ihm die Binde! (nachdem es geſchehn)
Sprecht, was wünſcht Euer König?

Der Königsbote.

Karl, von Gottes Gnaden König,
König und Herr der Franken,
Herr der Schwaben, Herr der Baiern,
Herr in Spanien und Italien —

Hengiſt (dreinfahrend).

Soll ich das Maul ihm ſtopfen?

Widukind.

Faßt Euch kurz, was begehrt Euer König?

Der Königsbote.

Gruß des Königs an Sachſens Herzog!
Dies läßt König Karl Euch künden:
Wie's der Väter Sitte geweſen,
Daß die Helden vor der Schlacht,
Sei's zur Freundſchaft ihrer Häuſer,
Sei's zum Frieden ihrer Völker,
Wort um Wort in der Rede gewechſelt,

Also wünscht mit Widukind
Trauliche Zwiesprach König Karl.

Widukind (überlegt).

Trauliche Zwiesprach? — Der König mit mir?

Abbo (leise).

Widu, sag nein!

Hengist.

Vetter, tut's nicht!

Abbo.

Finten sinnt dir der Franke. — — —

Widukind.

Wohl, der König sei mir willkommen!

Der Königsbote.

Frei Geleit, Ihr laßt es geloben?

Widukind.

Frei Geleit, ich will es halten!
(Er entläßt den Boten.)

Abbo.

Freund, mir bangt, das war nicht klug.

Hengist.

Hätt' ihm die Zähn' in den Rachen gehauen!

Widukind.

Alter Sitte edles Recht,
Soll der Sachs es mit Füßen treten?

Hengist.

Donnars Wetter, was fuchteln mit Worten?
Einzig das Eisen schaffet uns Recht!

Widukind.

Soll der Franke den Sachsen höhnen,
Daß er nur stark mit Beil und Schwert,
Doch in der Rede ohnmächtiger Stümper?
Auch ist's Pflicht, den König zu hören,
Der vielleicht, sich beugend der Not,
Gütlichen Frieden zu bieten gewillt ist.

Bruno.

Herzog, ich geb Euch recht. (Will gehen.)
(Abbo wird von einem Knaben abgerufen.)

Widukind.

Halt, mein Fürst! — Euch bitt' ich zum Zeugen

Bruno (stark betroffen).

Mich?

Widukind.

Ehre, dem Ehre gebührt:
Ihr seid der erste und älteste der Führer.
Dann auch denk ich, es müßt' Euch erwünscht sein,
Eurem dermaligen Freunde,
Der Euch die Treue so schmählich gebrochen,
Stolz und stark die Stirne zu bieten.

Bruno (in heftigem Kampfe).

Besser, Ihr ließet mich gehn!

Widnkind.

Wie, Herr Bruno, Ihr fürchtet den Karl?

Bruno (mit grimmigem Hohnlachen).

Fürchten! . . . Herzog, ich bleibe!
(Ein Hornruf verkündet die Ankunft Karls.)

Widukind (zu den Edlen).

Lebt wohl denn, ihr Herren!
Haltet alles zum Kampfe bereit!
Saxnot mit euch aller Wege! —

Die Führer (im Abgehn).

Sagnot mit uns aller Wege! —

Abbo (zurückkommend).

Nachricht kam von deinem Weibe.

(Er winkt den seitab stehenden Notker heran.)

Widukind.

Wie, Notker, Ihr?

Notker.

Heil Euch, Herr!

Widukind.

Wie steht's daheim? Und vor allem:
Kam Gotthold wohl bei Euch an?

Notker.

Wie von Sinnen war der Knabe,
Arg verwirrt in Geist und Gemüt —

Widukind.

Ihr wollt doch nicht etwa künden? —

Notker.

Mit Gottes Hilfe ist es gelungen —

Widukind.

Ihr machtet wieder gesund ihn?

Notker.

Er ist gerettet.

Widukind.

Heil und gesund?

Notker.

Heil und gesund.

Widukind.

Notker, das werd' ich Euch ewig gedenken.
Doch daß Ihr selber hierher kommt? —

Notker.

Dringender Wunsch Eurer Gattin,
Die Gruß Euch sendet vom ganzen Hause —

Abbo.

Und warmes Gewand für uns und die Knaben.

Widukind.

Das wackre Weib!

Notker.

Der Frauen beste auf Erden.
Doch tiefster Kummer hält sie nieder,
Bange Furcht bedrängt ihr Herz,
Innere Stimme, Stimme von oben
Stürmt auf sie ein bei Tag und Nacht —

Widukind (lachend).

Notker, kennt Ihr die Frauen so schlecht?!

Notker (leidenschaftlich).

Herr, steht ab von diesem Krieg!
Auf meinen Knieen soll ich Euch bitten —

Widukind (kalt).

Genug, Herr Notker! Sagt Widukinds Weibe,
Sachsens Losung sei: frei oder tot!
Das sei auch die Losung von Widukinds Weibe!

Wolf (meldet).

König Karl!

Widukind.

Er sei mir willkommen! (Wolf ab.)
(zu Notker.) Ich sprech Euch noch. Und nochmals Dank!
(Notker ab.)

Abbo (für sich).

Ich bleibe dabei: Ich trau ihm nicht.

Widukind.

Leb wohl denn, mein Abbo!

Abbo.

Widu, laß dich nicht kirren vom Karl!

Widukind.

Sei ohne Sorge!

Abbo.

Bleib ruhig und kalt,
Und — denke des Tages von Verden! (ab.)

Widukind.

Allvater du, erleucht' mir den Geist,
Daß, stark auch im Wort, meines Volkes Feind
Vor dem heiligsten Recht ich zu Boden ringe!

(König Karl und Pfalzgraf Dietrich.)

Karl.

Frankens Gruß dem Helden Sachsens!

Widukind.

König, eh ich den Gruß Euch erwidre,
Sagt, sinnt Gutes Eure Seele?

Karl.

Das weiß Gott im Himmel droben,
Frieden und Freundschaft wünsch ich uns allen!

Widukind.

Sachsens Gruß denn Frankens König!
(vorstellend)
Bruno, Fürst von Engerland!

Karl (vorstellend).

Pfalzgraf Dietrich, unser Vetter. — —
Tretet bei Seite, ihr Herren!

(Bruno hat Karl mit Blicken glühendsten Hasses gemessen. Dies hat
Graf Dietrich bemerkt, der ihn während des folgenden Gespräches
aufmerksam beobachtet.)

Widukind (Karl zum Sitzen einladend).

Sprecht denn, König, was wünscht Ihr von Sachsen?

Karl.

Ei, mein Held, wenn möglich Euch selber.
Doch zuvor hört Karl den Feldherrn! —
Herzog, Ihr habt mir gestern gezeigt,
Daß Ihr das Kriegswerk trefflich gelernt.
Daß Ihr auch gar auf List Euch verständet,
Das hätt' ich nimmer mir träumen lassen.
Ziehn wir da ruhig des Weges am Osning,
Den wir zwei Stunden vorher noch durchsucht,
Ohn' eine Spur vom Sachsen zu finden:
Hussa, hallo! auf einmal bricht's los,
Links in die Flanke, hinten und vorne
Bricht's aus dem Dickicht wie wütende Keiler,
Rennt auf uns los und haut auf uns ein,
Platzt auf uns nieder wie'n Hagelschlag,
Wie'n Wolkenbruch aus heiterem Himmel,
Der nieder uns streckte wie trockene Saaten.
Kostet es mich auch manchen der Besten,
War's doch ein Meisterstück, das Ihr vollbracht,
Und heischet des Feldherrn hohe Bewundrung.
Freilich, als Mensch schätzt' ich Euch stets,
Hielt euch hoch wie keinen der Feinde.
Ja, ich gesteh's, ich brenn' vor Verlangen,
Wahrlich ja, ich brenne vor Sehnsucht,
Herz und Geist Euch zu ergründen,
Zu ergründen vor allem, wie Ihr es macht,
Daß Euch die Sachsen lieben wie keinen.

Widukind (kalt).

König, Ihr batet —

Karl (ihn sinnend betrachtend).

Jaja, Ihr habt die Seel im Auge,
Euch muß man hold sein, mein Held!

5

Widukind.

König, Ihr batet den Herzog um Zwiesprach.
Wollt Ihr nun rechten um Sachsens Freiheit,
Rechten mit mir um das Recht meines Volkes,
Wohl, so bin ich zur Antwort bereit.

Karl.

Frage um Frage, Rede um Rede,
Seele tausch ich mit Euch um Seele,
Geist des Helden um Heldengeist.
Fraget, ich bin zur Antwort bereit. (Setzt sich.)

Widukind.

Euch, dem Gaste, ziemet das Vorrecht. (Setzt sich.)

Karl.

Widukind, man sagt von Euch,
Daß, stärker noch wie mit dem Schwert in der Hand,
Ihr mit des Wortes Gewalt es verständet,
Herz und Haupt der Männer zu zwingen,
Daß willig sie Eurem Rate folgen.
Das aber, hört' ich, müßt' Euch gelingen,
Weil Ihr der Menschheit höchste Dinge
Sinnig zu deuten wüßtet wie keiner.
Sagt denn, was dünkt Euch am meisten hold,
Was das Höchste dem Helden hienieden?

Widukind (sinnend).

Was mir hold dem Helden dünkt?

Karl.

Was das Höchste dem Helden der Erde?

Widukind.

Hold wohl dünkt mir dem Helden der Erde,
Wonne zu tauschen um Wonne,
Selig umfangen vom seligsten Weibe;
Hold auch dünkt mir nicht minder,

Friedlich zu ruhen an Freundesbrust,
Mit ihm wechselnd weltweise Worte;
Holder als Liebe, holder als Freundschaft,
Aller Freuden freut mich am höchsten,
Allvater gleich, der waltet des Weltreichs,
Huldvoll zu herrschen im Herzen der Völker.

Karl.

Und wie wähnt Ihr den Walter des Weltreichs?
Habt ihr Heiden der Götter doch viele!

Widukind.

Götter kommen, Götter gehen,
Kommen und gehn mit den Völkern der Erde,
Werden und schwinden mit Menschengeschlechtern;
Einer nur währet, und der währt ewig!

Karl.

Und wie wähnt Ihr den Ewig-Einen?

Widukind.

Fühle mich Kind an Allvaters Herzen,
Der mir rät mit gerechtem Rate;
Fühle die Welt in Allvaters Armen,
Der sie lenkt mit liebender Hand.

Karl.

Doch wie denkt Ihr den Herrscher im Volke?

Widukind.

Leuchtend Vorbild in Wort und Wandel
Sei der gute Fürst dem Volke;
Soll die Menge ihm willig folgen,
Säe er Liebe, um Treue zu ernten!

Karl.

Hoch und hehr klingt, was Ihr heget;

5*

Was Ihr hegt, sind holde Träume,
Frommer Wünsche frommer Wahn.

Widukind.

Wahn nennt Ihr mein seligstes Wissen?

Karl.

Wahn Euer Wünschen von Gott und der Welt.
Wäre Gott, wie Ihr ihn wähnet,
Nimmer wär' er Walter des Weltalls,
Nimmer Herrscher im Herzen der Völker,
Nimmer der Schöpfer gesetzlicher Ordnung,
Nimmer der Richter nach ehernem Recht,
Wie sie beherrschen müssen die Menschen.
Eines nur ist nütze dem Herrn,
Dem Zwingherrn des Himmels, dem Zwingherrn
der Erde!

Widukind.

Und dies eine, o Völkerbezwinger?

Karl.

Einzig Gehorsam dienet dem Herrscher!
Wollt Ihr führen die Völker als Fürst,
Daß sie wandeln die Wege zu Gott,
So sät Ehrfurcht, säet Gehorsam,
Säet der Ordnung bildsame Saat!

Widukind.

Furcht und Gehorsam sind beugendes Joch,
Feige nur fesselt man so;
Freie, sie bindet frei kürende Treu!

Karl.

Denkt Ihr so hoch von der Menge, mein Held?

Widukind.

Denkt Ihr vom Volke so klein, o König?

Karl.

Wird er denn mündig, der Mensch der Menge?
Bleibt er nicht immer ein tastendes Kind?
Wirres Wünschen nach neuem Werden,
Ewig wird es die Völker durchgären:
Führenden Meisters bedarf drum die Menge,
Sollen die Schwachen nicht irren im Dunkel.

Widukind.

Aber die Starken unter den Schwachen?

Karl.

Einer der Starken ist doch der Stärkste:
Kluger König beherrschet sie alle!

Widukind.

Kluger König möget Ihr sein,
Kluger Sämann dünket mich anders.

Karl.

Was ich säe, ist ewiger Samen,
Samen des ewig allmächtigen Gottes,
Der Sterne stürzt und Erden erschüttert,
Wälder bricht und Berge zertrümmert
Mit einem Wink des gewaltigen Willens.
Samen sä' ich des ew'gen Gebieters,
Der auf Sinai gab die Gebote,
Ehern Gesetz den Menschengeschlechtern.
Samen sä' ich des ewigen Richters,
Der Gute lohnt mit langem Lohne,
Böse rächt mit langer Rache.
Samen sä' ich des ewigeinen,
Allgewaltigen Walters der Welt,
Dem bang sich beugt all Kreatur,
Dem bang sich beugen Leben und Tod.

Widukind.

So ist Euer Gott ein Gott der Furcht,
Der nur Knechte duldet hienieden?

Karl.

Wer der Erdenkinder wär' frei?
Knecht ist jeder: Diener wie Herr,
Volk wie Fürst, ein jeder verfällt
Listigen Ränken des listigen Bösen,
Wankender Torheit, irren Gelüsten,
Wenn ihn nicht fesselt die Furcht des Herrn.

Widukind (selig wie ein Kind).

Karl, Widukind kennt keine Furcht,
Widukind birgt nichts Böses im Busen!

Karl (tief ergriffen).

Widukind, wahrlich, du bist ein Mensch!

(ihm näher rückend.)

Daß wir Freunde wären, mein Held!
Ja, du Held mit den Kinderaugen,
Die nur das Gute schaun in der Welt,
Du mit mir vereint,
Wie herrlich sollt' unser Volk gedeihen,
Im Segen des Friedens blühen und wachsen,
Mächtig sich mehren an Ruhm und Reichtum,
Strahlend Vorbild allen Völkern,
So im Worte wie im Wandel,
So im Geist als im Gemüte,
Daß es Gott im Herzen hegend
Höchsten Willens heilig walte,
Und in einem alle einend
Gottes Staat hienieden begründe!
Dazu hilf mir, mein Held!

Widukind.

König, was willst du von mir?

Karl.

König Karl, er reicht dir die Hand:
Leben sollst du mit mir und streben,
Walten und wirken zum Wohl unsrer Völker.
Sind mir doch freund die stärksten der Helden,
Die herrschen im Volk als Fürst und König,

In Nord und Süd, in Ost und West,
Sie alle sind willig dem König Karl.
Und Brüder sind mir die weisesten Männer,
Die obersten Ersten im Reiche des Geistes,
Die freudig mit mir raten und taten
Zum Heile der Völker, so Gott mir gegeben,
Daß ich sie führe zu edler Gesittung.
Sie alle, sie kennen den Karl,
Sie alle, ich sag es mit Stolz,
Sie alle lieben den Karl.
Willst denn du allein mich hassen? —

Widukind.

Karl, was willst du vom Widukind? —

Karl.

Beuge mit mir vor Christ dein Knie!

Widukind.

Widukinds Knie sich beugen vor Christ?

Karl.

Beugen muß sich dein Knie vor Christ,
So wahr ich dich liebe, mein Held!
Siehe, der Haß, er darf nicht mehr herrschen,
Blutrache nimmermehr rasen im Volke.
Drum hat Gott seinen Sohn uns gesandt,
Daß er uns löse vom Leid der Sünde
Und in Liebe uns alle versöhne.
Und dich, was trennt denn dich von Christ
Als einzig der Name Heide?
Bist doch im Herzen ein besserer Christ,
Besserer Mensch als mancher Getaufte. —
Komm, sei Freund mir, sei mir ein Bruder!

Widukind.

Nimmer beug ich mich dem, den ich hasse;
Dein Gott, Karl, ist nimmer der meine!

Karl.

Widukind, Chrift ift ftärker als Wodan,
Und ich, der Karl, ich habe die Macht!

Widukind.

Und ich, der Widukind, habe das Recht;
Nimmer beuge das Recht fich der Macht!

Karl.

Was fich nicht beugt, das läßt fich brechen!

Widukind.

Brechen kann mir das Herz nur die Schuld;
Mich foll nimmer bedrängen die Schuld!

Karl.

Bift du deffen fo ficher, mein Held!

Widukind.

Sicher wie der Huld meiner Götter!

Karl.

Wenn nun doch einft Schuld dich bedrängt,
Wenn die Sünde die Seele dir fehrt,
Wie denn beftehft du vor deinen Göttern,
Die Wohnung nicht gönnen dem fchuldigen Sünder?

Widukind (verachtungsvoll).

Widukind ein fchuldiger Sünder?

Karl.

Auch du wirft fchuldig werden!

Widukind.

Schuldig — ich?

Karl.

Du wie ich!
Denke des Blutes von Freund und Feind,
Das wir wieder und wieder vergoffen —

Widukind (auffpringend).

Ha, König, du mahneſt mich recht,
Daß ich gedenke des Bluttags von Verden!
Chriſtenſtreich dort war es bei Verden,
Chriſtenſegen taute dort nieder,
Blutiger Himmelstau, traf er das Haupt uns!

Karl.

Nun denn, deſſen geb' ich dir recht:
Heide war König Karl bei Verden,
Als er der Rache ließ blutigen Lauf.
Nein, ich bin nicht beſſer als du,
Aber ich will das Beßre, nicht du!
Und ſo wahr ich ſchuldig am Bluttag von Verden,
So wahr auf. mir laſten die Häupter der Toten,
Wie Berge laſten auf meinem Herzen,
So wahr ruf ich Gott den Allmächt'gen zum Zeugen:
Schaffſt du nicht Frieden mit Chriſt und Karl,
Der Sachſen Blut dann komm über dich!

Bruno

(der während des Geſpräches immer näher gekommen, nun vor Haß
alles vergeſſend, ſtürzt mit dem Schwert auf Karl los).

Nein, es komm über dich!
Steh, du Bluthund, ficht oder fall!

Graf Dietrich.

Stirb, du Verräter!

(Er erſticht Bruno, der ächzend zu Boden ſinkt. Von hinten her er-
ſchallt unter mächtigem Getoſe, unter hörnerſchall und Beckenſchlag der
Sachſen Schlachtgeſang. Von hinten und von links her eilen ſächſiſche
Krieger, Prieſter, Barden und Frauen herbei, unter ihnen auch Wolf.
Von rechts dringen fränkiſche Krieger herein.)

Widukind.

Ha, was iſt das?

Wolf.

Herr, der Kampf iſt entbrannt!

Widukind.

König, Ihr ſpannet Verrat?

Karl.

So wahr ein Gott lebt,
Daran hab ich kein Teil!
Auf Wiederseh'n auf der Walstatt!

Widukind.

Halt, steh mir, Würger von Verden!

(dringt dem schnell mit Pfalzgraf Dietrich zurückweichenden und bald
von seinen Kriegern gedeckten Könige nach und ruft seinen herbei-
eilenden Knaben und Mannen zu):

Hojoh! Halloh! Drauf und dran!

Schlachtgesang der Sachsen.

Hojoh! Halloh!
Wuhu! Wotohuh!
Stich, Stahl, stoß zu!
Spring, Speer, spring zu!
Triff Haupt, triff Hals,
Triff Hand, triff Herz,
Fahr nieder, mein Schwert,
Fahr drein wie der Geier,
Trink Blut wie der Wolf!
Hojoh! Halloh!
Heul, Mordhund, heul!
Wuhu! Wotohuh!
Hojoh! Hotohuh!

(Während dessen wurde der schwerverwundete Dirk herangetragen und
bei Bruno am Boden gebettet.)

Dirk.

Jija, habt Ihr auch was abbekommen?

Bruno.

Wer hat den Kampf begonnen?

Dirk.

Hasso, der Ostfal.

Bruno.

Hasso?

Dirk.

Der Hund, der Verräter,
Er kämpft auf Seite der Franken.
Er nun reizte den Hengist,
Schimpfte ihn Elbländer Dickkopf,
Müffiges Metfaß — und was weiß ich, was sonst noch —
Da ging's denn bald drunter und drüber.
Holla, mein Bein — (es wird ihm schwindelicht.)
Jija, die Welt geht unter! (sinkt ohnmächtig zurück.)

Thordis mit Barden und Priestern.

Hierher, ihr Barden! Singt! Singt!
Blast die Hörner! Schlagt die Becken!
(Es erschallen von rückwärts her)

Rufe:

Flieht! Flieht!

Thordis.

Steht, ihr Sachsen, steht!
Kämpft! Die Götter sind mit uns! Steht!

Rufe:

Flieht! Flieht!

Thordis.

Steht! Ha, seht, euer Herzog,
Er kämpft mit dem Bluthund von Verden!
(Alle drängen sich, dem Kampfe zuzusehen. Atemlose Spannung. Auf
einmal stößt Thordis einen gellenden Schrei aus und rennt wie rasend
davon.)

Rufe:

Weh uns! Wehe! Flieht! Flieht!
Alles verloren! Stürzt euch ins Schwert!
Widukind fiel! Wehe! Wehe!

Dirk (aus seiner Ohnmacht erwachend).

Wer ruft da: Wehe?

Bruno.

Ich glaube, der Herzog ist gefallen.

Dirk.

Das wollen die Götter verhüten!
(zu dem heraneilenden Wolf.) He, Wölfchen!

Wolf.

Wer ruft mir?

Dirk.

Ist dein Herzog gefallen?

Wolf.

Weh uns allen, er fiel!

Bruno.

Fällte ihn Karl?

Wolf.

Hasso, der tückische Hund,
Wie der Herzog kämpfte mit Karl,
Traf hinterrücks ihm das Haupt!

Dirk.

Daß die Pest den Schurken hole!

Rufe:

Flieht! Alles verloren! Flieht!
(Thordis, Abbo und mehrere Knaben und Mannen tragen den bewußt-
losen Widukind vorüber.)

Abbo.

Dorthin, ihr Knaben! Dort in dem Walde,
Dort bergt bis auf weitres den Herzog! —
Lebt wohl, Frau Thordis! —
Hojoh! Halloh! Drauf und dran!
(Er stürzt wieder auf das Schlachtfeld zurück, während Widukind eiligst
fortgetragen wird. Gleich darauf Notker.)

Dirk.

He, Wolf! — Nimm mich mit!

Wolf.

Kommt, Alter! — Stützt Euch!

Dirk.

Jije, es geht nicht. — Laß mich nur liegen!
Schau nach Herrn Bruno!

Wolf (zu Bruno sich niederneigend).

Götter, er stirbt! — — Herr Bruno! — —

Bruno.

Bist du es? — — Kind, ich sterbe. —
Hör, Wolf! Wenn dein Herzog noch lebt,
So sag ihm, daß ich ihn liebe —
Doch sag ihm auch, hörst du, sag ihm:
Christ ist stärker als Wodan!

Notker

(zieht aus dem Gewande ein Kreuz hervor und hält es hoch empor).

Christ ist stärker als Wodan!

Ende des dritten Aufzugs.

Vierter Aufzug.

Derselbe Saal wie im ersten Aufzug. Vorne rechts auf einem Schemel sitzt im schwarzen Gewande, das Haar schneeweiß, das Gesicht bleich von Kummer und Gram, Widukinds Mutter

Thordis.

Wo, sag, wo weilt der Sachsenheld,
Seit Sachsen sank in den Staub?
Sein Adler so hehr wie der Sonnenaar,
Er flog uns so stark und stolz voran,
Kein Auge, ach, schauet ihn mehr —
Arm Widukind, arm Widukind,
Weinen, ach, weinen muß ich um dich!

Wie, sag, wie trug's der Wodanssohn,
Da Schmach uns gegraben die Gruft?
Er führte so kühn uns den Siegespfad,
So treu uns der Helden Todesgang —
Nun führt er uns nimmermehr!
Arm Sachsenvolk, arm Sachsenvolk,
Was nun wird werden, werden aus dir?

Was, sag, was sinnt der wunde Aar,
Seit fried' und freud' ihm entschwand?
Im düsteren Walde das wunde Wild,
Nichts sinnt und sehnet des Kummers Kind,
Als eines, eines allein:
Arm Widukind, arm Sachsenkind,
Rache, nur Rache stillt dir die Pein!

(Zum Schluß ist durch die Saaltür Dirk von Däsbeck, den linken Bein-
stumpf in einem Stelzfuß schleppend, am Krückstock herangehumpelt.)

Dirk (sich räuspernd).

Frau Thordis! (da sie nicht antwortet, stärker sich räuspernd)
Frau Thordis! ich bin's, der Dirk!

Thordis.

Bringt Ihr mir Kunde von ihm?

Dirk (verlegen).

Das nun nicht —

Thordis.

Noch keine Kunde vom Sohn!

Dirk.

Hofft Ihr noch immer? — Gebt's auf, Frau Thordis! —
Zählt's Euch doch her an Euren fünf Fingern:
Die letzte Burg im Lande verloren,
Herr Abbo und Hengist in Feindes Hand,
Friese und Däne im Frieden mit Franken,
All unser Land in des Königs Gewalt,
Schufte wie Hasso des Königs Grafen;
Was wär da noch zu hoffen für uns!
Aus ist's, ratikatz aus!
Hund an der Kette ist Sachsen geworden,
Der sogar das Bellen verlernte!

Thordis.

Habt Ihr die Leute zum Opfer geladen?

Dirk.

Geladen hab' ich sie, ja —
Doch kommen wird keiner.

Thordis.

Keiner wird kommen zu Baldurs Feste?

Dirk.

Keiner! Ihr wißt, der Franke läßt hängen,
Wen er antrifft am Opferstein.

Da haben sie denn, wie ich sie lud,
Die Köpfe gesenkt und Gesichter geschnitten,
Als spürten sie schon den Kitzel am Halse. —
Jaja, ich glaub,' es ist an der Zeit,
Daß wir auch zu Kreuze kriechen!

Thordis (feierlich verweisend).

Diethret!

Dirk.

Ei, Frau Thordis, es geht an den Kragen!
Und unsre Götter helfen uns doch nicht,
Der Christengott macht alle zu Schanden.

Thordis.

Hat Euch das Unglück so mürbe gemacht?

Dirk.

Mürbe? Ja, das bin ich, morsch und mürbe.
Sieben Söhne nahm mir der Krieg,
Sieben prächtige Jungen, Frau Thordis!
Dann mein Weib, und dann mein Bein,
Dann Haus und Hof, und nun —
Nun freß ich bei fremden das Gnadenbrot —
Da kann man schon mürbe werden.

Thordis.

Und wolltet nun — wie Alter! — auch Ihr?

Dirk.

Ach, ich weiß selber nicht, was ich noch will —
Weiß nur, daß ich mir wünsche,
Ich läge wie weiland mein gutes Bein
In irgend 'nem Tümpel und faulte!

(humpelt schluchzend davon.)

Thordis
(die Hände zum Himmel erhebend).

Götter, Götter, seid ihr denn taub,
Daß ihr die Besten laßt elend ihm Leide?

Wodan, wach auf! Öffne dein Auge,
Daß nicht Schwache gewinnen die Welt,
Nicht Knechte herrschen im Hause der Deinen!
Ewiger Lohnherr, lohn uns die Treue,
Daß wir in Trauer nicht kärglich verkümmern!
Walter der Welt, entnimm uns der Not,
Oder schick' nieder die ewige Nacht,
Daß endlich uns lache der leuchtende Tag! . . .

Dirk (erregt zurückeilend).

Frau Thordis — er ist gekommen! . . .
Denkt euch, mutterseelenallein,
Ohne Knaben und ohne Mannen —
Wie'n Bettler gekleidet ist er gekommen.
Er sieht Euch aus — so gramverfallen,
So bleich und blaß, als wär' er sein Schatten. —
Auf der Schwelle stand er und sprach zu den Schwalben,
Die im Giebel genistet. — Seht, da ist er!

Widukind (auf Thordis zueilend).

Mutter!

Thordis.

O mein Sohn! (Sie stürzen einander in die Arme.)

Widukind.

Du lebst noch?

Thordis.

Fasse dich!

Widukind
(Haupt und Wangen der Mutter zärtlich streichelnd).

Schneeweiß bleichte dich Sachsens Schmach,
Grabesfurchen grub dir der Gram —
Mutter, ich wähnte dich tot!

Thordis.

Fassung, Widu, wir sind nicht allein. — —

Widukind.

Wo ist Geva? — — Nun?

Dirk (da Thordis nicht antwortet).

Frau Geva ging mit den Kindern zum Walde —
Ich will gehn und sie holen.

Thordis.

Laßt das! Sie werden bald zurück sein.
Geht und bewacht das Tor!
Sorgt, daß niemand erfahre,
Daß der Herzog zurückgekommen!
(leise zu ihm.)
Auch Frau Geva saget Ihr nichts! (Dirk geht.)

Widukind.

So nun sehn wir uns wieder?
Mutter, nun ist alles verloren!

Thordis.

Wohl ist vieles verloren, mein Widu!
Doch mehr und Beßres sollst du gewinnen,
Wirst treu du bleiben dir und den Göttern.

Widukind (sie befremdet ansehend).

Wie, Mutter, so weißt du noch nicht —

Thordis.

Alles weiß ich.
Deiner wachte ich Tag und Nacht,
Wachte all deiner Wege, mein Sohn!

Widukind.

So weißt du, daß ich von Haus zu Haus —

Thordis.

Weiß, daß du von Hof zu Hof
Betteln bist gangen für Sachsens Freiheit.

Widukind.

Und weißt du, was sie dem Bettler gesagt?

Thordis.

Weiß, daß sie dich schnöde verlacht,
Narr dich genannt und törichten Schwärmer,
Daß du nicht klug und witzig wie sie
Wasser nähmest zur Christentaufe
Und dafür Güter empfingest und Goldschatz,
Adelsrechte und Grafenkronen —
O diese Memmen, reif für die Knechtschaft!

Widukind.

Und weißt du, daß all' Männer im Lande,
Die vor Christ das Knie nicht gebeugt,
Vogelfrei sind erklärt,
Oder fortgeführt als Knechte nach Franken?

Thordis.

Ja, ich weiß, der Christenkönig,
Greise und Kinder nur ließ er zurück,
Zurück im Frieden des Grabes.

Widukind.

Alles das weißt du und dennoch wähnst du —

Thordis.

Dennoch wähn' ich, daß Widukind
Rächer und Retter soll sein seinem Volke!

Widukind (verzweiflungsvoll).

Was denn kann werden aus Sachsens Volk,
Da all' seine Helden elend verdorben?

Thordis.

Was werden kann aus Sachsens Volke?
Was aus ihm wird, kommt ihm kein Retter,
Hör, Sachsens Herzog, ich will es dir sagen! —
Wodans Volk, das Volk der Freiheit,
Das freie Kind der freien Flur,

6*

Das frei den Blick zum Himmel erhoben,
Hohen Hauptes dahin geschritten;
Wodans Volk, das Volk der Freude,
Fromm und froh zur Wonne geboren,
Die gütig ihm gönnet die Mutter Erde!
Wodans Volk, das Volk der Kraft,
Stolz und stark zur Herrschaft erkoren,
Zu walten hienieden des ewigen Rechtes:
Tiefgebeugt das Haupt zur Erde,
Eingeschmiedet in steinerne Städte,
Eng umfangen von finsteren Mauern,
Keuchend durch luft- und lichtlose Gassen,
Also wird Allvaters Volk,
Müden Auges, müden Ganges,
Gleich dem edlen Roß der Steppe,
Das rohe Knechte rauh geknebelt,
Steine zu schleppen auf stolzem Rücken;
Tief gebeugt das Haupt zur Erde,
Stöhnend unter der Last des Lebens,
Ächzend unter der Angst des Todes,
Scheuen Wesens wie schuldige Sünder:
Also werden Sachsens Söhne
Hin sich schleichen fürder auf Erden,
Hin sich schleppen wie Knechte in Ketten.
Denn leidige Schelme, so schlecht in Schuld,
Als feig in Furcht vor dem Lichte der Wahrheit,
Sie werden der Freiheit graben die Gruft
Und schaffen die schöne Menschenerde
Zum Jammertale für Trauer und Tränen,
Zum stinkenden Sumpf habgieriger Molche.
Und auf der Gruft des Götterkindes,
Wo Blumen einst blühten irdischer Freude,
Sänger gesungen der Himmlischen Huld,
Da wird ragen das finstere Kreuz,
Fluch verheißend all lachendem Leben.
Und schwarze Rabenschwärme aus Welschland,
Die werden der Toten Hügel umschwärmen
Und krächzen voll Mordlust ihr grausiges Grablied!

Widukind.

Mutter, halt ein!
Nimmermehr darf werden auf Erden,
Was zum Ekel uns schüfe die Welt!
Besser, mein Volk versinkt in den Staub,
Als daß es verderbe wie faulende Frucht!

Thordis.

Besser, dein Volk versinkt in den Staub,
Als daß es verderbe wie faulende Frucht!
Ja, mein Sohn!
Doch es soll nicht verderben!
Auferstehn soll Wodans Volk,
Erwachen soll es aus Todes Armen!
Erwachen zu wonnigem, lenzreichem Leben,
Erwachen zu ewiger Herrschaft auf Erden!
Höre, mein Widu! — Doch erst sag an —
Sprich, was hat dich hierher geführt?

Widukind (sehr erstaunt).

Was mich hierher geführt? — Was doch fragst du? —
Ist nicht dies das Haus meiner Väter,
Das meines Herzens Teuerstes birgt?
Weiß ich gleich nicht, was Karl bewogen,
Daß er mir schonte Weib und Kind — —
(von dem feierlich düsteren Gesichte der Mutter betroffen, bricht er ab.)

Thordis.

Weib und Kind, du hast sie nicht mehr.

Widukind.

Ich hab' sie nicht mehr?

Thordis.

Du hast sie auf ewig verloren.

Widukind.

Sind sie — tot?

Thordis.

Schlimmer als tot.

Widukind.

Was nennst du schlimmer als tot?

Thordis.

Wem hattest du anvertraut Haus und Hof?

Widukind.

Nun?

Thordis.

Wem der Deinen Leib und Leben,
Haupt und Herz zu hüten befohlen?

Widukind.

Ich denke, du weißt es: Notker.

Thordis.

Und weißt du, wer dieser Notker war?

Widukind.

Nun?

Thordis.

Ein welscher Pfaffe!

Widukind (aufschreiend).

Nein!

Thordis.

Hier an deiner Väter heiligem Herd,
Derweil du kriegtest mit König Karl,
Warb er für den Gott der Christen:
Die Werbung ist ihm gelungen!

Widukind.

Nein!

Thordis.

Geva war bei König Karl,
Lag winselnd vor ihm auf den Knien,
Zu bitten für dich und dein Leben —

Widukind.

Nein! sag ich, tausendmal nein!

      (mit jäher Wut Thordis am Handgelenk ergreifend.)

Hört, Frau, hört!

Euer Haß — ja, Ihr haßt sie —

Haßtet von jeher mein Weib —

      (schleudert mit wildem Lachen ihre Hand fort.)

Hahahaha! Geva, mein Weib —

Des Widukind Weib? —

Lug ist, was Ihr gesagt!

Thordis (mit eisiger Kälte).

Ich sah an deines Weibes Halse

Ein gülden Kreuz mit Edelgestein:

König Karl hat's ihr geschenkt!

Widukind.

O, so muß ich verderben! — — —

      (Er bricht erschüttert zusammen und schlägt die Hände vors Gesicht.)

Thordis

(holt von der Wand ein gewaltiges Schwert und bietet es dem Sohne dar).

Hier, mein Sohn!

Widukind.

Was soll mir das Schwert?

Thordis.

Deiner Väter Schwert ist's, von Wodan geweiht.

Widukind (bitter).

Was soll mir noch fürder das Schwert meiner Väter?

Thordis.

Rache heischen die Götter von dir!

Widukind (hohnvoll).

Rache von mir? Rache an wem?

Thordis.

Wer denn ist es gewesen,
Der dir den Priester ins Haus gesandt,
Daß wie der Dieb in der Nacht
Er dir stehle die Herzen der Deinen?
Wer denn war es, der dir den Vater,
Den Ohm und die Vettern ließ fällen?
Wer hat dir dein Sachsenvolk,
Dir und den Göttern treulos gemacht?
Wer ließ meuchlings morden bei Verden?
Wer nahm Land dir und Leute,
Mannen und Knaben und all die Genossen?
Wer ließ ledig dich deines Lebens,
Frei den Vögeln zum Fraße dich künden?

Widukind.

Was, was soll mir das alles?

Thordis.

Hast du vergessen des heiligen Schwures,
Des Schwures der Rache auf Leben und Tod?

Widukind.

Was doch mahnst du des Schwurs mich der Rache?

Thordis (unheimlich langsam).

Ist Karl nicht fällbar dem Schwerte wie du?

Widukind

(aufschnellend, ruft mit einer vor Erregung heiseren Stimme der Sachsen
Schlachtruf). Hojoh!

Thordis.

Du sollst ihn fällen, mein Sohn!

Widukind.

Mutter, du sprengst mir das Herz!

Thordis.

Tränke dein Herz in Königsblut!

Widukind.

Lös mir die Qual, was soll ich beginnen?

Thordis.

Führen wird dich die Mutter den Weg,
Wo du ihn triffst, den Bluthund von Verden —

Widukind.

Führe mich —

Thordis.

Wo du ihn antrittst zum Gottesgericht —

Widukind.

Führe mich —

Thordis.

Wo du fällest den falschen König
Und dich selber kürest zum König!

Widukind.

Führ mich zum Leben, führ mich zum Tode,
Mutter, ich folge! — Komm! — —

(Er greift nach dem Schwert in Thordis' Hand.)

Thordis.

Und deines Hauses Schande?

Widukind.

O ich ärmster der Menschen!

Thordis.

Sachsens Herzog, denk deiner Pflicht! —
Denke des Eides der ewigen Treue,
Den ihr geschworen, du und dein Weib,
Geschworen bei Thors hochheiligem Hammer,
Ewig den Göttern verbunden zu bleiben!

Widukind.

Christ! Christ! Was tust du mir an?!

Thordis.

Zu Aachen in seiner Pfalz
Harrt deiner der König der Christen;
Soll er dich höhnen der Schmach,
Die dein Weib dir angetan,
Dir, deinem Volk und den ewigen Göttern?

Widukind.

O ihr ewigen Götter,
Das, nur das tut mir nicht an,
Daß ich das Liebste, das ihr mir gegeben,
Ledig muß wünschen des leidigen Lebens!
Allvater du da droben,
Wenn du bist, o so hör mich,
Wenn du wirkest als Walter der Welt,
O so gib mir ein Zeichen,
Daß ich wisse deinen Willen!

(Von **Kinderstimmen** weihevoll gesungen erklingt von draußen:)

Hoff und harr des Herrn der Höhe,
Der dich nimmt aus tiefster Not,
Der dich greift aus großen Wassern,
Führt dich auch zur Himmelsfreude,
Lieb und lob den Herrn der Höh!

Widukind (tief ergriffen).

Was war das?

Thordis.

Deiner Kinder Stimme.

Widukind.

Süße Worte sangen die Kleinen —

Thordis.

Göttern verhaßtes Gebet ist's der Christen! —
Horch, sie nahen — komm, verbirg dich!

Balde sollst du erkennen,
Ob Wahrheit, was ich dir sagte.

(Sie treten durch die Türe links und beobachten von dort aus das folgende. Durch die Saaltür schreiten in weißem Linnengewand, das Haar mit Eichenlaub bekränzt, Geva und ihre Kinder. Geva entnimmt der Hand Gottholds einen Mistelzweig, den sie in der Flamme des Herdes verbrennen läßt. Dann betet)

Geva.

Heilige Flamme, zehre die Mistel,
Zehre das Unheil, zehr' Hader und Haß,
Banne dem Hause die unholden Geister,
Banne der Seele Sünde und Schuld!
Heilige Liebe zünde im Herzen,
Daß Freude labe der Guten Gemüt,
Friede hause am Herde der Frommen!

(dann sich zu Wikbert und Gertrud wendend)

So, ihr Kinder, nun kommt und hört,
Was zur Feier des Sonnwendfestes
Gotthold uns im Liede will künden!

Gotthold *(selig beglückt).*

Ja, ich will euch die Botschaft bringen
Von des Lichtgottes Wiederkunft,
Von Allvaters liebstem Sohn!

Geva

(vorne rechts sich setzend, die beiden Jüngsten neben sich stellend).

Faltet fromm die Hände —
Und hübsch still geschwiegen, hört ihr? —
So, Gotthold, nun bring uns die Botschaft!

Gotthold.

Finster war's auf Erden worden,
Trauer trübte der Menschen Gemüt;
Da die Götter heimgegangen,
Drohten Nachtreichs düstre Schatten.
Allvater aber waltet im Lichtall
Und er gedachte liebreich des Wortes,
Das er den Menschen dereinst gegeben,

Ihnen zu senden den eigenen Sohn,
Daß er löse die Leute vom Leide,
Vom Weh der Sünde die wunde Welt.
Und ein Kindlein ward uns geboren,
Aller Geborenen herrlichster Held.
In der Krippe lieblich lächelnd
Lag der Sohn der Himmelsau.
Der Jungfraun hehrste hütete hold
Voll Mutterfreude das Friedenskind.
Könige aber und fromme Hirten
Kamen und knieten dem Kinde zur Huld.
Denn sie wußten, die Wonne der Welt,
Der Seelen Sehnsucht sei nun erfüllt.
Und heilige Heerschau der Himmelsburg,
Allvaters fröhliches Volk der Engel,
Die sangen von göttlichem Lichte umflutet:
Freut euch nun, ihr Menschenkinder,
Heil euch — (Plötzlich den aus der Türe rechts hervortretenden
Vater gewahrend ruft)

Wikbert.

Mutter, der Vater!

Geva (jauchzend).

Widu!
(sie will stürmisch in seine Arme eilen, prallt aber vor seinem eisigen
Blicke entsetzt zurück). . . . .

Widukind.

Wie benanntest du die Botschaft?

Thordis.

Botschaft ist's vom Christengotte,
Vom verfluchten Gott der Franken!

Widukind.

Wer hat dich das Lied gelehrt?

Thordis.

Notker tat's, der Frankenpriester,

Dessen ruf ich die Götter zu Zeugen! —
Sohn, nun walte deines Amtes!

(Sie verläßt stolzen Hauptes den Saal.)

Geva.

Geht, ihr Kinder!

Widukind.

Gotthold, du bleibst!

(nachdem Wikbert und Gertrud gegangen)

Widukind.

So hast du mein Haus gehütet?

Geva (würdevoll und bestimmt).

Hoffe, daß ich es wohl gehütet.

Widukind.

So die Kinder mir gehegt?

Geva.

Hoffe, daß ich sie gut gehegt.

Widukind.

Mit dem fremden Christenpriester!

Geva.

Notker ist ein Sohn der Friesen,
Unsres Brudervolkes, mein Gatte!

Widukind.

Um so schlimmer!

Geva.

Um so besser!
Frommer und besser fand ich keinen,
Keinen treuer dir ergeben.

Widukind (höhnisch).

Mir ergeben?

Geva.

Dir ergeben, denn er liebt dich.

Widukind.

Mich — den Feind?!

Geva.

Dich, den Freund des Volkes,
Das auch er liebt, liebt wie du. —
O mein Gatte, zürne mir nicht!
Könntest du ahnen das stille Glück,
Das durch ihn mein Busen birgt,
Könntest du fühlen den seligen Glauben,
Der so lind dem Leid uns versöhnt,
Balde wohl banntest du bange Zweifel,
Wüßtest, daß es gekommen, das Heil,
Das die Menschheit so lang sich ersehnt.
Nimmermehr kämpftest du blutige Kriege,
Waltetest fortan nur noch des Friedens,
Frieden spendend dem schmachtenden Volke,
Das in Nacht und Not vergeht,
Wenn nicht Gott es dem Elend enthebt." —
O mein Widu, schau nicht so düster!

Widukind.

Weib, was hast du mir angetan?

Geva.

Was doch missest du mir zur Schuld,
Was nur Gott allein vermochte?
Sieh, wie ich die langen Monde
Einsam mich zehrte in Angst und Qual,
Vergeblich harrte auf gute Botschaft;
Wie dann mit der ersten gräßlichen Kunde
Der Sohn mir siech ins Haus gebracht ward,
Die Sinne verwirrt, die Seele verstört,
Jammernd und klagend bei Tag und Nacht:
Mutter, die Götter sind tot!
Wie es dann hieß, alles sei hin,

Du feift gefallen mit allen den Deinen;
Da in meinem entfeßlichften Elend,
Wie ich an allem verzweifelnd
Die Haare mir raufte und flehte und fchrie,
Und keiner der Götter mich hören wollte;
Wie da der fromme Mann zurückkam,
Er, der mir in wenig Tagen
Gotthold dem Tode entriffen, —
Nun wie ein Bote aus höherer Welt
Kündete, du, mein Widu! du lebeft;
Sieh, da kam's mit Wundermacht
Über mich und meine Seele:
Auf fprang meines Herzens Tor,
Den zu fehen, den zu lieben,
Der allein noch Schuß- und Schirmherr,
Helfer und Tröfter hienieden mir dünkte.

Widukind.

So ift dir Helfer und Tröfter nun der,
Den mein Leben lang ich gehaßt,
Den zu bekämpfen ich Leib und Leben,
Das Glück des Haufes, den Frieden des Volkes,
Den zu bezwingen ich alles geopfert:
Er ift Schußherr dir und Schirmherr?
Zu ihm nun betet des Widukind Weib?

Geva.

O mein Widu, fei barmherzig,
Hab Mitleid, hab Einfehn mit dir und mit mir —

Widukind.

Schweig — treulofes Weib! . . .
Gotthold, tritt her! . . .
Sprich, Gotthold, bift du mein Sohn?

Gotthold.

Gewiß, mein Vater!

Widukind.

Und doch tust du dem Vater so weh,
Da du liebst, was er muß hassen?

Gotthold.

Was — was muß ich denn hassen?

Widukind (mit Donnerstimme).

Christ, den Todfeind deines Vaters! — —

Gotthold.

Vater, ich — kann nicht hassen!

Widukind.

Du mußt ihn hassen, du mußt!

Gotthold.

Ich kann nicht hassen,
Ich kann nur lieben, mein Vater!

Widukind (mit jäher Wut).

Sohn! — Aus meinem Antlitz! — Fort!

Geva (Gotthold zur Türe rechts drängend).

Was hast du vor?

Widukind.

Was ich vorhab'?
(Er erblickt plötzlich auf dem Herde den Hammer.)

Geva
(sich ihm zu Füßen werfend mit Aufgebot all ihrer Zärtlichkeit).

O mein Widu, liebst du mich nimmer?

Widukind.

Ob ich dich liebe? —- Buhlerin du!
(keuchend.) Sag, warst du bei Karl?

Geva (seine Kniee umklammernd).

O denk unsrer süßen Liebe, mein Widu!

Widukind.

Lagst du auch vor ihm auf den Knieen?

Geva.

O denk der Kinder, die ich dir schenkte!

Widukind.

Nahmst du von ihm das Christenkreuz?

Geva.

Was ich tat, ich tat es für dich!

Widukind.

Sprich, nahmst du von ihm das Kreuz?

Geva.

Ja —

Widukind (zum Herde springend).

Hojoh!

Geva (sich losreißend).

Flieh, Gotthold, flieh!

(Sie entflieht durch die Türe rechts. Widukind reißt in blindrasender Wut den Hammer vom Herde, stürzt ihr nach und erschlägt den sich zwischen ihn und die Mutter werfenden Sohn und dann sein Weib. Man hört)

Gotthold

Vater!

Geva

Hilfe! Hilfe! (rufen. Indessen ist Thordis in den Saal getreten und steht mit wild verzerrtem Gesichte da und lauscht, bis

Widukind (taumelnd zurückkommt).

Beide getroffen!

Dirk (mit Leuten des Hofes in der Saaltür).

Herr, flieht! Franken sind da! . . . . . .

Widukind.

Weh, was hab ich getan!

(Er bricht ohnmächtig zusammen.)

Thordis.

Schnell, rettet den Herzog!

(Die Leute nehmen Widukind auf und tragen ihn eiligst fort.)

Ende des vierten Aufzugs.

Fünfter Aufzug.

Ein Garten zwischen Karls Pfalzburg und dem Dome zu Aachen. Es ist Nacht. Widukind ruht in halbliegender Stellung an eine Linde gelehnt, unruhig schlummernd. Neben ihm steht, den Schlaf auf ihren Sohn herabbeschwörend,

Thordis.

Schlafe, mein Sohn! ruhe, mein Kind!
Ruh nun im Frieden der Nacht!
Blutrot nahe der neue Tag,
Wecke zur Wonne dich auf!

Mordhund sitzt auf dem Männergrab,
Mordhund heulet nach Blut.
Riß sein Zahn das Herz dir wund,
Rache schafft dich gesund!

Wenn du erwachest, will ich dich tränken,
Tränken mit süß dich labendem Saft,
Wenn du erwachest, stillt dich die Mutter,
Stillt dir die tödlich dich zehrende Glut!

Blut soll trinken mein dürstendes Kind,
Blut soll stillen den Sachsensohn,
Blut am Morgen, Blut am Abend,
Blut soll einzig löschen den Durst,
Der dir die Seele zum Tode versengte!

Schlafe, mein Sohn! träume, mein Kind!
Träume das Herz dir gesund!
                (Sie beugt sich über ihn und küßt ihm die Stirne.)
Traumgeister, lächelt ihm hold!
Du aber, Nacht,

7*

Schwarzäugige Schwester der Hel,
Schütz' und schirme mein Werk,
Daß Rache uns werde und Recht!

(Sie schreitet langsam von dannen.)

Widukind
(im Traume sich hin- und herwälzend, stöhnt schmerzlich).

Oh! Oh! Oh!

(Es erscheinen ihm im Traume die lichtverklärten Gestalten Gevas und
Gottholds.)

Geva.

Widukind!

Gotthold.

Vater!

Widukind.

Wer seid ihr?

Geva.

Geva bin ich, dein Weib.

Gotthold.

Gotthold bin ich, dein Sohn.

Widukind.

Was doch quälet ihr meine Seele,
Daß ihr Tag und Nacht mich verfolget? —
Sprecht, was wollt ihr von mir?

Geva.

Liebe!

Widukind.

Liebe?

Geva und Gotthold.

Liebe!

Widukind.

Liebe statt Rache?

Geva.

Wo wir weilen, weilt keine Rache.

Widukind.

Rache ist ewig!
Leib um Leib, Leben um Leben,
Blut um Blut, bis alles ruht!

Geva.

Wo wir weilen, ruhet die Rache.

Widukind.

Wo denn weilt ihr?

Geva.

Im Reiche des Friedens.

Gotthold.

In der Seligen Freudenau!

Widukind.

Ist es da schön, mein Kind?

Gotthold.

O mein Vater, unsagbar schön!

Widukind.

Weilen in Wonnen dort Helden?

Geva.

Alle, die Liebe hegen im Herzen.

Widukind.

Wer denn herrscht in dem Reiche?

Geva.

Der Gott der Liebe.

Widukind.

Liebe! O ich sehne mich nach Liebe,
Lechze nach der süßen Labe,

Wie der sterbende Hirsch nach Wasser;
Lebt mein Herz doch einzig von Liebe! —
Edles wollt' ich, den Göttern zur Ehre,
Gutes wünscht' ich, den Menschen zur Wohlfahrt;
Was doch mußt' ich schuldig werden,
Schuldig am Schönsten und Liebsten des Lebens! —
O meines Lebens Lichtelfen ihr,
Was, was muß ich tun,
Daß ich nicht elend ende in Schuld?

Geva.

Komme zu Christ, mein Widu!

Widukind.

Kann nicht kommen zu Christ!

Geva.

Mußt ja kommen zu Christ!

Widukind.

Wie denn soll ich bestehn vor den Vätern,
Wie bestehen vor meinen Göttern?

Geva.

Deine Götter sind tot!

Widukind.

Tot — — ja, Sachsens Götter sind tot! — —

Geva.

Widu, kommst du zu Christ?

Widukind.

Ich, der schuldbeladene Mensch?

Geva.

Christ ist liebreich.

Widukind.

Auch dem Feinde?

Geva.

Keines Menschen Feind ist Christ;
Starb er doch aus Liebe für alle.

Widukind.

Auch für mich?

Geva.

Für alle, die Allvater dienen in Treuen. —
O komm, mein Widu, komm!
Christ ist gar ein lieber Lohnherr,
Gönnt im goldnen Himmelssaale
Wohnung dir beim ewgen Vater!

Gotthold.

Komm, Vater, geh mit uns!

Widukind.

Blut um Blut, bis alles ruht —
Geht, laßt mich der Rache!

Gotthold.

Vater, deines Gotthold Seele,
Irren muß sie ruh- und rastlos,
Irren zwischen Himmel und Erde,
Irren zwischen Gott und dir —

Widukind.

Geht, laßt mich den Geistern des Grams,
Weh der Hölle ist ewig mein Teil!

Geva.

O ist denn dein Herz so hart,
Daß du dem Kinde die Wonne nicht gönnst,
Im Federhemde der fröhlichen Engel
Liebend zu dienen dem liebsten Heiland?

Widukind.

Was denn halt' ich euch? Geht doch!

Geva.

Stößeſt uns von dir?

Widukind.

Geht!

Geva (jammernd).

Widu!

Widukind (ſehr heftig).

Geht!

Geva (laut wehklagend).

Widu! Du liebſt uns nicht mehr!

(Sie verſchwindet.)

Widukind (zu Gotthold).

Was noch ſtehſt du? Geh!

Gotthold
(der ſich vergeblich bemüht, einen am Boden ſtehenden Krug aufzuheben).

Kann nicht, Vater!

Widukind.

Kannſt nicht?

Gotthold.

Das Krüglein iſt mir zu ſchwer.

Widukind.

Das Krüglein?

Gotthold.

Das Tränenkrüglein der Mutter,
So voll, ſo ſchwer iſt's von ihren Tränen,
Die ſie weinet, weinet um dich!

Widukind.

Oh! Oh! . . . .

(Er weint laut auf und erwacht.)

Wie? — Gebadet in Tränen? —
Was war das? — Wo bin ich? —

(Er sieht sich verwundert um und erblickt den im Lichte der aufgehenden
Sonne erstrahlenden Dom, von dem feierlich Glockengeläute ertönt.)

Widukind
(zu der zurückkommenden Thordis).

Mutter, was bedeutet das alles?

Thordis.

Daß Christ die Götter in Staub wird ringen,
Wenn du nicht lösest den Schwur der Rache! —
Zum Werk ist alles bereitet,
Die Wächter bestach ich — komm!

Widukind.

Wo denn sind wir?

Thordis.

Träumst du noch immer? —
Zu Aachen sind wir am Tore des Doms,
Den Karl ließ bauen dem Christengott.
Ostern feiern sie heute,
Sie nennen's das Fest der Auferstehung.
Hierher nimmt der König den Weg,
Um drinnen dem Volk sich zu zeigen. —
Komm, ich führ' dich zur Stelle,
Wo der Mordhund fahre zur Gruft! —
Wie? Du zauderst?

Widukind.

Schaurige Bangnis durchbebt mir die Seele,
Böses, Mutter, füg ich zu Bösem!

Thordis.

Böses tust du, brichst du den Schwur,
Der die Seele ewig dir bindet.

Widukind.

Meuchelmördern und Dieben gleich
Schleich' ich der Schlechten finsteren Pfad!

Thordis.

Meuchelmörder ward Karl bei Verden,
Dieb, da er dir stahl die Herzen der Deinen.

Widukind.

Und ich? Was ward ich?
Feiger Mörder an wehrlosem Weibe,
Dieb am Leben unschuldigen Kindes —
Wehe, wehe, was hab ich getan?

Thordis.

Gerächt hast du deines Hauses Schmach,
Gerecht gerichtet schändliche Schuld!

Widukind.

So lieb war sie, so mild und sanft,
So gut in allem, was sie mir tat,
Der Blick ihrer Augen so fromm und rein —
Wehe, wehe, was hab ich getan!

Thordis.

Die zürnenden Götter hast du gesühnt!

Widukind.

O mein Gotthold, holdseliger Knabe,
Lieb und licht wie linder Lenz,
Weich und warm wie Sonnenschein —
Wehe, wehe, was hab ich getan!

Thordis.

Den Himmlischen hast du das Liebste geopfert,
Daß selig dich sagen Walhalls Götter!

Widukind.

Unselig bin ich hier und dort,
Nimmer ist Wohnung in Walhall für Mörder;
Verworfen bin ich, verdammt auf ewig!

Thordis.

frei von Schuld löst Feindes Blut!

Widukind.

Wer, wer spräche mich frei?

Thordis.

Ich, deine Mutter, spreche dich frei,
Schaffst du dir Sühne im Tode des Feindes.
Doch fluchen muß ich dem Leib, der dich trug,
Läßt du der Rache nicht werden ihr Recht...
O mein Widu, denk deines Volkes,
Das im Joche der Knechtschaft vergeht,
Wenn nicht du die Ketten ihm lösest.
Denk deiner ruhmreichen Ahnen, mein Sohn,
Die ewig geherrscht im Sachsenlande.
Deiner nun harret das Wodanvolk,
Daß du Lenker und Leiter ihm seist,
König seist im Volke der Freiheit,
Mann mit der Macht in der Heldenfaust,
Der stärke die Starken, schwäche die Bösen,
Wahre das Recht, wahre die Freiheit!

Widukind.

Ich soll wahren das Recht,
Der ich das gräßlichste Unrecht begangen?
Ich soll wahren die Freiheit,
Der unfrei ich worden in Schuld?
Stärken die Starken ich schwächster der Schwachen,
Schwächen die Bösen ich schlimmster der Schlechten?
Ich, der Knecht meines Zornes geworden,
Ich soll herrschen im Volke der Freiheit?
Lenken und leiten soll diese Hand,
Die besudelt im Blute der Unschuld?
Tatlos bin ich und elend für ewig!

Thordis.

So willst du dienen als niederer Knecht,
Du, der Sproß der ewigen Götter?

Widukind.

Unwert bin ich der ewigen Götter,
Unwert des reinen Namens der Ahnen!
Unter Knechten, Dieben und Mördern
Ist fürder der Sitz deines Sohnes!

Thordis.

Was denn führte dich her?

Widukind.

Höhere Macht wohl entwand mir den Willen,
Daß wankend ich ward wie das Rohr im Winde.
Wirr ist das Haupt mir, irre mein Herz!
Das nur weiß ich, das nur fühl' ich,
Daß der Sünde ganzer Jammer
Meine Seele zu Boden gerungen!

Thordis (mit leidenschaftlichem Schmerz).

Widu! (sie kniet vor ihm.)

Widukind.

Mutter! (er will sie erheben.)

Thordis.

Nein, ich will und muß hier knieen!
Ist es gleich Hohn den Göttern und Menschen,
Daß die Mutter kniet vor dem Sohne,
So tu ich dennoch, was nie ich tat,
Weil dich verlierend ich alles verlöre.
O Sohn, sieh hier dies greise Haupt,
Auf nichts bedacht bei Tag und Nacht
Als dich, dein Glück und deine Größe;
Willst du, daß dies alte Haupt,
Das langen Lebens bangen Leiden,
Schwersten Schmerzen nie sich beugte;
Willst du, daß es so nahe dem Ende
Noch sich neige niedrer Schmach?
Hier diese Augen, aus denen du sogest

Heilige Liebe und heiligen Haß,
Mannesmut und Heldenhoheit;
Sollen sie am Tore des Todes
Noch verwünschen des Tages Licht,
Daß sie nicht schauen die Schande des Sohnes,
Dem sie geleuchtet in lachendem Stolz,
Dem allein sie geweinet im Weh?
Hier diese Lippen, die einzig dich lehrten,
Was hoch und heilig, hehr und gut,
Sollen sie statt des letzten Segens,
Den liebelechzend für dich sie verlangen,
Fluch auf dich von den Göttern erflehn?
Hier dies Herz, das starke, stolze,
Dem Demut Gift, dem Knechtschaft Tod,
Soll es im Anblick des Grabes noch lernen,
Wie niedrige Mägde denken und fühlen?
Sohn — o mein einziger Sohn!

(Posaunenstöße verkünden das Kommen König Karls.)

Thordis (aufspringend).

Horch, Widu, er naht!
Eiserner Panzer deckt ihm den Leib,
Triffst du den Hals ihm, so trifft ihn der Tod.
Beim heiligen Haupt deines Ahnherrn, Sohn,
Hier deiner Väter Schwert! — Komm! —

Widukind.

Mutter, ich kann nicht!

Thordis.

So willst du feig dem Feinde dich beugen?

Widukind.

Müde bin ich, müde zum Sterben!

Thordis.

So willst du knieen vor Sachsens Würger?

Widukind.

Mutter, Karl ist besser als ich!

Thordis.

So soll Wodan vor Christ in den Staub?

Widukind.

Mutter, Christ ist stärker als Wodan!

Thordis.

Ewige Götter, so komm ich zu euch!

(Sie ersticht sich.)

Widukind (schreit laut auf).

Mutter! (er fängt Thordis in seinen Armen auf.)

Karl (eilig herbeikommend).

Was geht hier vor? . . Wie, Herzog, Ihr?

Thordis.

Und hier seine Mutter!

Karl.

Was ist geschehn? . . Herrgott, Blut?!

Thordis.

Blut um Blut, bis alles ruht!
Sieh, so stirbt die letzte freie Sächsin!

(Sie sinkt zurück und stirbt.)

Karl (furchtbar erschüttert).

Gott im Himmel, erbarme dich unser!

(Er winkt seinem Gefolge zurückzutreten.)

Widukind

(drückt seiner Mutter die Augen zu. Dann erhebt er sich, neigt das
Schwert vor Karl und spricht):

Karl, Allvater entschied für Euch.

Karl.

Herzog, weinen möcht ich um Euch.
Sagt, wie kann ich Euch trösten?

Widnkind.

Gnade für Sachsen, König Karl,
Das ist alles, was ich erbitte.

Karl.

Nun, so helft mir zum Heil Eures Volkes!

Widukind.

Karl, ich bin ein gebrochener Mann,
Mein eigenes Volk, ich versteh' es nicht mehr.

Karl.

Einer lehrt es Euch wieder verstehen —
Einer lehrt es euch führen zu Gott:
Kommt, versöhnt Euch Christ, unserm Herrn,
Lernt ihn kennen, den Gott der Liebe,
Und er wird Euch trösten, mein Held!

Widnkind.

Weib und Kind, er schenkt sie nicht wieder!

Karl.

Mehr noch gibt dir der liebende Christ;
Dem Reuezermalmten ihr liebend Verzeihn!

(Karl schließt Widukind in die Arme und führt ihn alsdann zum Dom.
Von dort erklingt das)

Osterlied.

Christ ist auferstanden
Aus des Todes Banden.
Des soll'n wir alle froh sein,
Christ will unser Trost sein!
Alleluja!

Druck von Friedrich Andreas Perthes in Gotha.

Widukind, Drama von **Hermann Wette.** 2. Aufl.
Gotha, Friedrich Andreas Perthes, 1903.

⁓⁓⁓⁓

Auszüge aus Urteilen über Widukind.

Julius Düboc, „Deutsche Dramaturgie" I, Heft 6.

Das Drama des Verfassers ist kein Geschichtsdrama im e n g e r e n Sinn, es ist vielmehr eins im w e l t g e s c h i c h t · l i c h e n Sinn, welches sich von dem ersteren hauptsächlich dadurch unterscheidet, daß in ihm der tatsächliche Her- gang mit den geschichtlichen Trägern desselben, mit den einzelnen bestimmenden Machtfaktoren zurücktritt vor der Darstellung des inneren seelischen Konflikts, der im Ent- wicklungsgange der Menschheit miteinander um die Ober- herrschaft ringenden Gegensätze von weltgeschichtlicher Bedeutung. Weil es das letztere ist, so durfte der Haupt- akzent auf die gewaltigen Konflikte im Innern des Ge- mütslebens verlegt werden, die in dem Aufeinander- prallen der christlichen und heidnischen Vorstellungswelten zu weltgeschichtlicher Größe heranwachsen und schließlich doch, neben den weltlichen Triebfedern, die untrennbar mit ihnen verbunden, wirken, ihren innersten und ent- scheidenden Kern ausmachen. . . . Das Ganze spiegelt im kleinen Rahmen der Persönlichkeit stets das große Geschick der weltbezwingenden Christuslehre. . . . Es sind namhafte Vorzüge, welche dem Drama und seinem Autor nachzurühmen sind — Schwung, Frische, Charakte- ristik, Gewalt der Sprache, Reinheit der Empfindung, Tiefe der Auffassung. Ein offenbar bei ihm reger Natur- instinkt hat ihn außerdem davor bewahrt, der Idee, als deren weltgeschichtliche Träger die einzelnen Gestalten auftreten, jemals den Vorrang vor dem individuellen Leben zu geben. Der Zeit und dem Boden, auf dem sich die Vorgänge abspielen, entsprechend, sind dieselben teilweise vielmehr der derbsten Wirklichkeit angehörig und gerade dann von vorzüglicher Wirkung. Ich brauche nur auf den freien Bauer Dirk von Düsbeck zu verweisen, der trotz der wenigen Züge, die auf seine Zeichnung verwendet sind, seinesgleichen an realistischer Kraft der Lebenserscheinung sucht.

Über die am 7. März 1896 stattgefundene erste Aufführung in Weimar schreibt Wilhelm Asmus in der „Weimar. Ztg.":

„... desto mehr nimmt er das Interesse der Zuhörer und Zuschauer in Anspruch für die reich belebte und übersichtlich gruppierte Handlung, deren szenischer Grundriß von einer recht sicheren Beherrschung der dramatischen Technik zeugt. Ebenso glücklich ist der Verfasser in der Charakterzeichnung; er ziseliert auch in der kleinsten Episode die Figur mit Festhaltung des kennzeichnenden Grundzuges immer ganz aus und liefert nicht, wie das bei vielen modernen Dichtern im Drama höheren Stiles der Fall ist, bloß wie mit der Kreide des Maßschneiders hingeworfene Konturen. Vor allem stellt er keine schemenhaften Lampenlichtheroen in die Szene; es ist wirkliche Großheit in seinen Helden und, wenn er das Kräftige schildert, so besitzt seine Palette vollauf die satten Farben, die er braucht. Das Outrierte und Forcierte, was uns so oft in den großen rezitierenden Schauspielen der Neuzeit unangenehm berührt, findet sich weder in den Gestalten der Dichtung noch auch in dem Dialog, der viele hochpoetische Wendungen und originelle Gleichnisse enthält.

Alles in allem steht man hier einem gelungenen und von edelster Kunstbegeisterung getragenen Versuche gegenüber. Hermann Wette ist ein Kunstschaffender, dem man je öfter desto lieber auf dem deutschen Parnaß wird begegnen mögen und dessen Spuren von den Sarabanden der Modernen nicht verwischt werden dürften".

In Weimar, wo zwar die Straßen still und wie verschlafen dreinschauen, aber die Geister wach und lebendig sind, hat man in den letzten Wochen mit Erfolg ein eigenartiges Drama wiederholt zur Aufführung gebracht, von dem die Welt das Recht hat, etwas zu erfahren. Weimar und mit ihm der Dichter Hermann Wette hat es unternommen, von der Schauspielbühne in Stabreimen zu reden durch volle fünf Akte des Dramas „Widukind". Wer Gelegenheit hatte, der Aufführung beizuwohnen, wird mit froher Verwunderung empfunden haben, wie glücklich diese altdeutsche Redeform im Munde der Schauspieler wirkt, wie kraftvoll und gedrängt die Worte von den Lippen fließen, welche dramatische Schlagkraft im Stabreim liegt, welcher ungezwungene Wohllaut, welche charakteristische Farbe des Ausdrucks. Allerdings gehört ein Dichter dazu, der das Wort so zu handhaben weiß wie Hermann Wette, der die Sachsen mit folgenden Worten den Racheschwur tun läßt:

Ob Mondschein spielt auf der Totenau,
Ob Taglicht bleichet der Leichen Gebein,
Blut soll trinken der Sternenstrahl,
Blut soll trinken die dürstende Sonne,
Bis geworden der Rache ihr Recht!

oder:

Donnars Blitz, stähl' uns das Schwert,
Saxnots Kraft, führ' uns die Faust,
Wodans Wut, füll' uns das Blut,
Daß wild wir wie wütende Wetter
Brechen der würgenden Feinde Gebein!

In einer freien ungezwungenen Weise hat Wette den Stabreim als rednerisches Kraft- und Charakterisierungsmittel verwendet; und da Weimar gebildete Sprecher besitzt, die gelernt haben, das poetische und rhythmische Wort wohlbefiedert vom Bogen zu schnellen, so wurde der überaus interessante Beweis vollgültig erbracht, daß die deutsche Sprache im Stabreim ein Bühnenmittel von ganz ungeahnter Natürlichkeit, Fülle und Redekraft besitzt.

Vielleicht reizt es die Meister der Redetechnik in

Berlin oder Wien, sich an so schönen Stabreimen zu versuchen, wie sie ein Klagelied auf Baldur im ersten Aufzuge enthält:

Ach Baldur, holder Baldur,
Du Schöpfer aller Schöne,
Du Walter aller Wonne,
Wann kehrst du uns Trauernden wieder,
Daß leuchtend uns lache das Licht,
Daß Freude uns werde und Friede?

Warum klingen mir seit der Weimaraner Aufführung diese Worte immer wieder in den Ohren nach?

—◦◇◦—

Druck von Friedrich Andreas Perthes in Gotha.

CPSIA information can be obtained at www.ICGtesting.com
Printed in the USA
BVOW07s1443070414

349965BV00014B/833/P